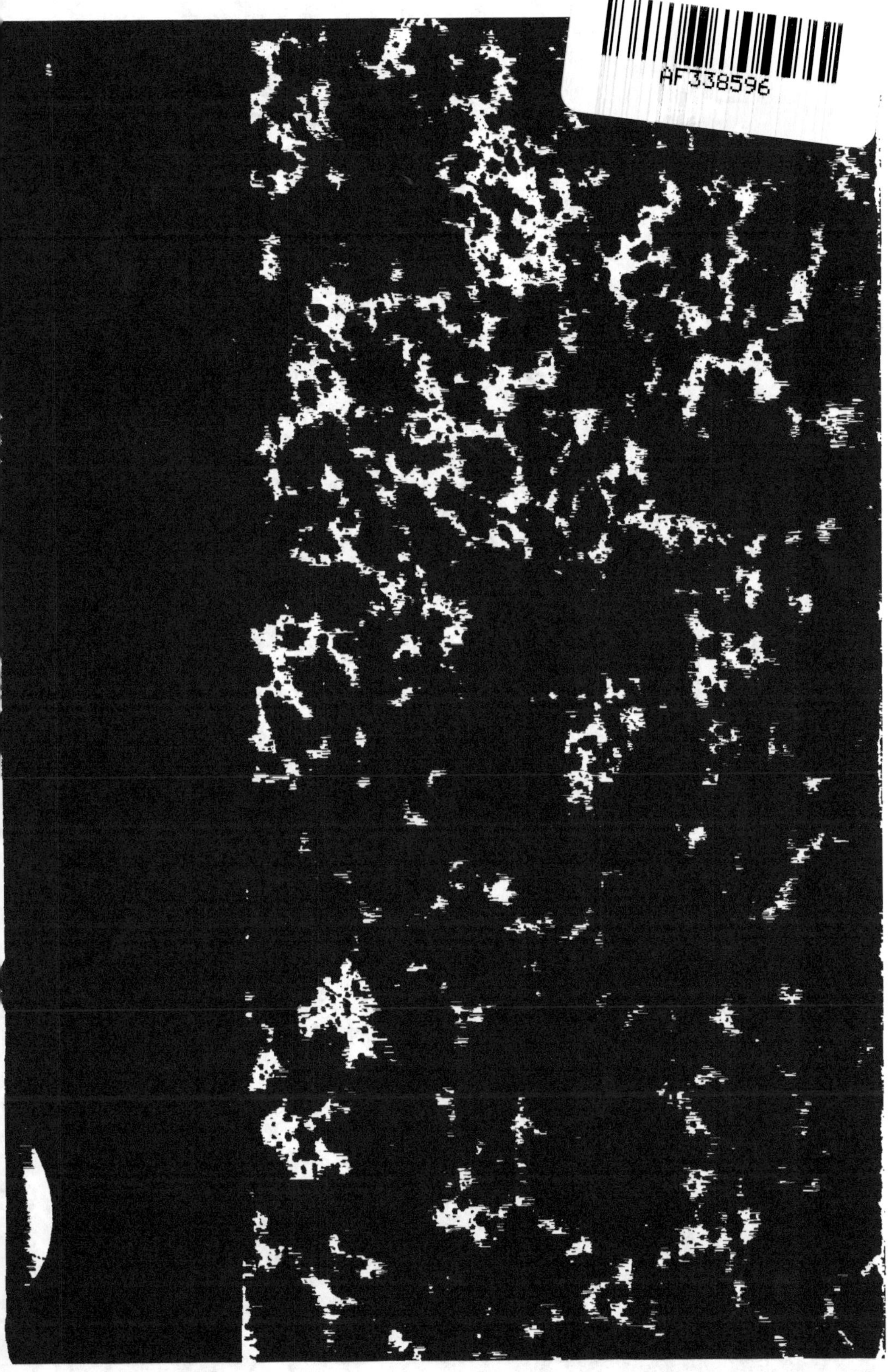
AF338596

# LES
# TROIS PROPHÈTES

Imprimerie de Poissy — S. Lejay et C$^{ie}$.

CHAILLÉ-LONG-BEY

# LES
# TROIS PROPHÈTES

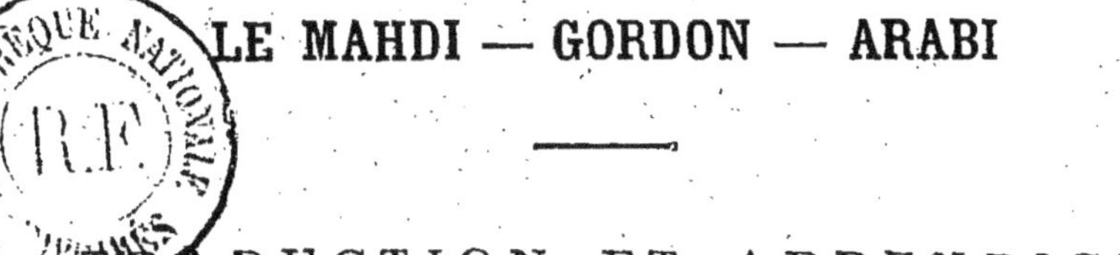

## LE MAHDI — GORDON — ARABI

TRADUCTION ET APPENDICE

DE

## A.-O. MUNRO



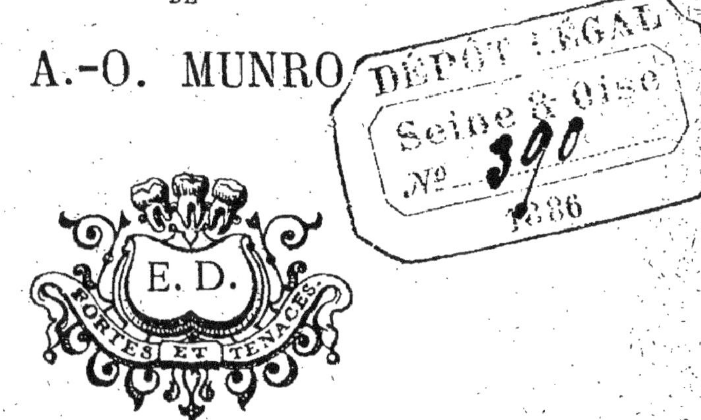



PARIS

E. DENTU, ÉDITEUR

LIBRAIRE DE LA SOCIÉTÉ DES GENS DE LETTRES

PALAIS-ROYAL, 15-17-19, GALERIE D'ORLÉANS

1886

# PRÉFACE

---

Les événements des deux dernières années : l'insurrection d'Arabi, les massacres, le bombardement et l'incendie d'Alexandrie, le Mahdi, le Chinois Gordon, ont fait revivre dans le monde entier l'intérêt tout particulier qui s'attache à la terre d'Égypte.

L'auteur a été, durant plusieurs années, officier dans l'armée égyptienne. C'est à ce titre, et comme chef d'état-major, qu'il accompagna le général Gordon, quand ce dernier fut nommé par le Khédive gouverneur général des provinces équatoriales de l'Afrique.

Dans un volume intitulé : *Afrique centrale : les vérités nues sur un peuple nu*, l'auteur a retracé les incidents des différentes expéditions accomplies, et qui ont eu pour résultat l'annexion à l'Égypte de vastes et populeuses provinces. Il a navigué sur une partie inconnue du Nil, et démontré par là, et par la découverte du lac Ibrahim, d'une façon définitive et absolue, le difficile problème de *caput Nili quærere* — où trouver les sources du Nil — question qui, depuis les Romains jusqu'à nos jours, avait semblé impossible à résoudre.

A l'époque où l'auteur servit en Afrique, le Mahdi vivait dans l'obscurité, soit à Khartoum, soit dans son ermitage, situé sur le Nil blanc. Sans doute, comme son peuple de Dongola, il s'adonnait à la chasse à l'ivoire et aux esclaves, occupation ordinaire des indigènes de ce pays.

Depuis, Mohammed-Achmed s'est lui-même proclamé prophète, et ce titre lui a été confirmé par les fidèles, sous le nom de *Mahdime*, le *sublime*.

Arabi était lieutenant-colonel au quatrième régiment, quand l'auteur appartenait à l'état-major général de l'armée égyptienne. Il a fréquemment rencontré le chef rebelle, alors ministre de la guerre, pendant la rébellion, après le massacre, et avant le bombardement, et quand l'auteur faisait fonction d'agent consulaire des États-Unis à Alexandrie.

Il croit que le Chinois Gordon, le Mahdi et Arabi, ont été les machines automatiques au moyen desquelles la Grande-Bretagne a cherché à dissimuler son intention de s'annexer l'Égypte et le Soudan, et de fonder dans cette dernière contrée une Inde africaine.

Les méthodes dont on s'est servi pour atteindre ce but sont : 1° les Anglo-Égyptiens qui ont provoqué l'insurrection militaire d'Arabi ; 2° la nomination de Gordon comme gouverneur-général pour désorganiser le Soudan ; 3° Gordon, enfin, ayant achevé la désorganisation et la ruine du Soudan, a avoué « qu'il avait pondu l'œuf qui a fait éclore le Mahdi ».

Lord Dufferin conseilla l'évacuation du Soudan, alléguant que ce pays était un fardeau pour l'Égypte, et qu'il était en dehors de la sphère d'intervention anglaise. Il est permis de douter de la sincérité de cette déclaration, quand on sait que, sous les précédentes administrations, il payait un tribut considérable à la mère-patrie, et cessa de le faire après la désorganisation qui avait été accomplie sous la malheureuse administration de Gordon.

Il est important de noter que, au moment même où la proposition de lord Dufferin, tendant à l'évacuation du Soudan, trouvait, chose singulière, un écho unanime dans la presse anglaise, l'Angleterre cherchait à s'assurer une concession pour construire un chemin de fer, allant de la mer Rouge à Berber — Berber se trouvant compris dans le territoire qu'on projetait d'abandonner au Mahdi.

Gordon-Pacha fut chargé de l'évacuation du Soudan. Comme une « figure divine du Nord » il entra dans Khartoum et, comme César, il s'écria : « *Veni, vidi, vici.* » Son empire devait être l'empire de la paix, il en fit l'empire de la guerre. Il se déclara le *Vali* du Soudan et proclama officiellement la séparation définitive de cette contrée d'avec l'Égypte. Il offrit de faire le Mahdi émir de Kordofan, distribua des présents et un million de francs en or égyptien aux Soudanais. Bien qu'il eût proclamé, en agissant ainsi, sa désobéissance aux ordres reçus, ne semblait-il pas qu'il fût l'avant-courrier d'un empire africain en perspective.

Gordon dans Khartoum est assez semblable au cheval de bois d'Ulysse dans les murs de Troie. Le Mahdi, des hauteurs de la citadelle d'Obeid, peut

s'écrier, comme le fit jadis le patriote troyen :
« Troyens, ne vous fiez pas à ce cheval, quoi que
ce puisse être ; je crains les Grecs, même quand
ils apportent des présents ».

« TIMEO DANAOS ET DONA FERENTES! »

# LES
# TROIS PROPHÈTES

## CHAPITRE I<sup>er</sup>

### L'Égypte.

L'Égypte est un pays de mirages.

Les déceptions et les désillusions s'y multiplient à l'infini et peuvent exister aussi bien entre son *genus homo* que déployées dans son phénomène naturel.

Elle a été et sera probablement toujours la terre de la poésie et de la nécromancie, du miraculeux et de l'improbable. Il est décrété que, conduite par la main invisible du Destin, ce *kismet* qui est dans tout et partout en Orient, elle semblera, de temps en temps, retourner en arrière et retracer une page de cette histoire qui, là, plus que partout ailleurs, est toujours portée à se répéter.

C'était à la fin de la quatorzième dynastie, et vers le temps où Abraham descendait vers l'Égypte, 2214 ans avant J. C., que cette contrée fut envahie par les hordes d'arabes nomades, qui y portèrent le feu et l'épée, détruisant ses temples, ses monuments et effaçant presque cette civilisation égyptienne, que le monde a considérée comme merveilleuse.

Les Hyksos (mages), sortis des rois pasteurs, gouvernèrent avec un despotisme de fer pendant plus de cinq cents ans; mais à leur tour ils furent expulsés ou anéantis par cette toute-puissante domination thébaïne, à la civilisation de laquelle ils étaient incapables de résister. D'où vinrent ces barbares conquérants? De la Haute-Nubie, de Dongola ou de Darfour? Ou bien étaient-ils les restes d'une invasion récente, de Beni-Omar ou de Beni-Abbas, qui passèrent la mer Rouge et fondèrent le royaume de Sanar pendant le premier et le second siècle de l'Hégire? Ces peuples de l'Afrique centrale, les ugundas, les niam-niams et les bagarrahs sont une nouvelle preuve de l'invasion, pour les traces de laquelle nous parcourons vainement les pages de l'histoire. Il est certain que, dans ces régions, par un étrange contraste avec les rudes sauvages, desquels ils sont maintenant alliés, il existe une race d'hommes brave et guerrière, couverte d'une armure, portant la visière et la cotte de mailles, ce qui semble indiquer les traces de quelque vaillante armée, qui aurait croisé le fer avec un ennemi plus digne de sa valeur que les soudanais.

Peut-être, il y a plus de quatre mille ans, ces hommes de Dongola et de Darfour, alors les maîtres d'un empire africain inconnu, agités des mêmes passions, ou cherchant à venger quelque tort, inondèrent l'Égypte de leurs légions barbares.

Mohammed-Achmed, le Mahdi, est de Dongola et, comme ces anciens Hyksos, il vint planter son drapeau dans la Basse-Égypte, saccager encore ses temples et ses monuments et, en semant la désolation et la mort, répéter les scènes sanglantes du passé.

Mohammed-Achmed et Gordon-Pacha étaient à Khartoum les aspirants rivaux à la suprématie ; ils étaient aussi rivaux dans un autre sens, car tous deux prétendaient être les « messagers de Dieu ».

Le Mahdi voulait être, comme son nom l'indique, « le guide ou messager de Dieu », et s'appelle Mohammed-Achmed el Mahdi Monutazer,

c'est-à-dire le prophète et le guide attendu par le
monde, et ses partisans ont déjà adopté le cri de
« Mohammed-Achmed Rassoul Allah nibi Allah. »
Sa mission devait être d'envahir l'Égypte, de con-
vertir les musulmans à la vraie foi dont ils s'étaient
écartés, et, après le massacre des chrétiens d'Égypte,
d'aller à la Mecque, où il devait recevoir le ca-
lifat et être proclamé Grand Cheikh de l'Islam.
C'est pourquoi, jusqu'ici, il a traité les propositions de Gordon avec dédain et lui a répondu :
« Je vous remercie de vos présents. Je ne veux
pas accepter d'être Emir de Kordofan. Vous dites
qu'étant avec Dieu, vous avez à faire la paix.
Nous sommes avec Dieu. Si vous êtes avec Dieu,
vous êtes avec nous ; au contraire, si vous êtes
contre nous, vous êtes contre Dieu. Convertissez-
vous alors, devenez musulman ; sinon, nous vous
infligerons le même traitement qu'à Hicks-Pacha. »
Gordon-Pacha répondit : « Je vais à Khartoum
pour faire la paix, nous pouvons nous arranger.
Si toutefois vous préférez la guerre, venez, je suis
prêt. »
La veille de son départ pour Khartoum, il dit :
« Je vais seul en avant, avec le Dieu infiniment
puissant pour me guider et diriger, c'est avec
bonheur et sans crainte que je m'en remets à Lui

pour m'assurer le succès. Peu m'importe ce qu'en peut dire l'homme. J'agis comme je crois devoir le faire pour plaire à mon Dieu. Il est Gouverneur Général. »

La situation est réellement dramatique. Ce serait le comble du grotesque, si le dénouement ne devait pas être, non seulement très tragique pour Gordon, mais une calamité pour l'Égypte.

Gordon dit : « Je suis convaincu qu'il y a erreur en ce qui concerne le caractère du Mahdi comme meneur religieux, — il personnifie le mécontentement populaire. Les soudanais sont tous de puissants Mahdi, de même que les égyptiens sont de puissants Arabi. Ce n'est pas un mouvement religieux, mais un éclat de désespoir. »

Il prétend que la révolte du Mahdi est le résultat de la domination turque.

L'auteur était chef d'état-major de Gordon-Pacha, quand cet officier distingué fut nommé par le Khédive d'Égypte, en 1874, gouverneur général des provinces équatoriales. Le premier acte de Gordon, en arrivant à Khartoum, fut de rédiger une proclamation annonçant pour le gouverneur du Caire, le monopole du commerce d'ivoire. C'était sans doute dur, pour les princes-négociants, qui ont leurs zéribas, ou campements, loin dans le désert de l'Afrique, et dans lesquels un capital assez considérable était alors engagé. La confiscation de leurs marchandises, sous différents prétextes, vint plus tard consommer leur ruine; et ces mêmes hommes avec lesquels Mohammed-Achmed, le Mahdi, avait des intérêts directs ou indirects — car c'était son peuple — allaient en vain implorer aux genoux de Gordon la restitution de leur propriété. Cet acte de spoliation a été le germe de la haine de la race Dongola contre le gouvernement égyptien. Ceci plutôt que le « bachi-bouzouk » a été « l'œuf d'où est sortie l'insurrection » et que Gordon lui-même avoue avoir laissé dans le Soudan durant son administration dans ces provinces.

Le but de ces chapitres est de montrer au public *sit lux* qu'il y a une singulière signification dans la conduite de Gordon à Khartoum. L'écrivain croit que le gouverneur général résolut, en 1874, la désorganisation de ces provinces, et que tout ce qui s'en est suivi est une conséquence logique de son administration. Gordon, dans son livre appelé *Colonel Gordon dans l'Afrique centrale*, admet que, quand il a pris possession de ces provinces, elles rapportaient un revenu de 14,475,000 francs. En 1879, dans une lettre adressée à Sir Rivers

Wilson, ministre des finances en Egypte, il reconnaît un déficit annuel de 2,725,000 francs,
et une dette annuelle de 7,500,000 francs. Dans
son livre, il dit : « Le Khédive, après m'avoir
donné un firman de gouverneur général de ses
provinces équatoriales, m'a laissé le reste à faire.
J'ai vu qu'il fallait m'emparer des finances et des
troupes des nouvelles provinces. »

Gordon s'est saisi des finances, et, après cinq
ans d'administration, il a laissé les provinces à la
charge du trésor du Caire et dans l'état d'insurrection qui a amené le Mahdi.

On peut se demander si la désorganisation n'a
pas été précisément le but du gouvernement de
Sa Majesté britannique. La séparation du Soudan
et de l'Egypte accomplie, un protectorat pouvait
être établi avec un peu de résistance de la part des
puissances; en réalité, l'Angleterre traiterait directement avec le Mahdi. N'est-ce pas pour cela
que Lord Dufferin suggéra, il y a plusieurs mois,
que l'Egypte devrait abandonner le Soudan et que
Gordon, avec 1,000,000 de francs du trésor
égyptien, plus 1,500,000 qu'on devait encore lui
envoyer, s'est hâté de poursuivre à travers le
désert de Korosko, l'adhésion du Mahdi comme
Emir de Kordofan de l'empire Gordonien.

Gordon-Pacha, comme roi des nègres, devenait, il y a tout lieu de le croire, le vassal bienvenu de l'Angleterre. Gordon rêva cet empire et, dans plus d'une circonstance, suggéra à l'auteur que nous prendrions et diviserions les provinces pour notre compte, sous le prétexte qu'elles ne devaient appartenir ni à l'Arabe, ni à « l'innomable Turc ».

Ni la proclamation de Gordon rétablissant le commerce des esclaves dans Khartoum, ni son feu de joie de finances et de registres des taxes, ni sa nomination du Mahdi, comme Emir de Kordofan, ne sont d'accord avec le soi-disant *divin* rôle d'abolisseur, de missionnaire ou de soldat dans lequel le général Gordon s'est montré jusqu'ici.

Ayant mis ceci à l'écart, dans la dramatique affaire de Khartoum, l'auteur ne peut que conclure avec le lecteur qu'il a affublé l'égoïsme britannique du manteau de l'humanité. Peut-être Cousin avait-il raison, quand il s'écriait, dans une spirituelle saillie : *Après tout, pardonnons au jésuitisme, il est dans la nature humaine.*

Que ceci soit ou non, nous convenons que Gordon, à Khartoum, a bien mieux réussi que jadis Alcibiade, à étonner le monde, car ce dernier, pour attirer l'attention, dut se contenter de faire couper la queue de son chien.

## CHAPITRE II

## Mohammed-Achmed El Mahdi.

Mohammed-Achmed n'est ni prophète, ni fils de prophète. La même injustice qui créa Arabi dans dans les casernes de Kasr-el-Nil fit aussi la puissance de Mohammed-Achmed à Khartoum; mais il est bon de se rappeler qu'il n'y a qu'un pas du patriote au prophète dans l'Orient. Le mot *patrie* y est inconnu, et, pour enflammer le cœur des orientaux, un appel doit être fait au fanatisme religieux comme moteur de tout mouvement. Arabi, comme nous le montrerons, est devenu prophète par l'ordre de l'Université d'El-Azhar, et Mohammed-Achmed reçut, dit-on, sa mission, des confréries de Sid-Abd-el-Kader Djilani, Sid-es-Senoussi, et Gama-el-Azhar.

Ces institutions, dont la principale est El-Azhar, au Caire, sont la véritable Mecque du vrai croyant.

La haine des Francs [1], qui caractérise le musulman, est engendrée par ces foyers de fanatisme. Des agents fidèles, qui vont de l'une à l'autre comme messagers, servent à garder entre ces confréries des communications fréquentes. C'est de là que le Panislamisme se répand et s'enseigne aux centaines de millions de fidèles, qui attendent l'empire universel promis par le Koran. On prétend que leur principal fondateur est Sidi-Mohammed-Ben-Ali-es-Senoussi. Il est né en Algérie, dans le voisinage de Mostaganem. Jurisconsulte de profession, il fut initié de bonne heure à la philosophie mystique de *Chadheliya*. Hostile à la France, comme il l'avait été à la Turquie, il quitta Alger et s'en alla au Caire, où il enseigna le droit et la théologie; ensuite à la Mecque où il devint le disciple d'Ahmed-Ben-Edris, le grand docteur du *Chadhelisme*, et à sa mort fut désigné pour son successeur.

La doctrine dont Sidi Mohammed est devenu l'apôtre consiste à rendre hommage à Dieu seul, à honorer les saints de leur vivant, mais sans leur continuer cette vénération après leur mort, sans excepter Mohammed, le plus parfait des hommes; de renoncer au monde et de ne tolérer

------

1. *Les Arabes entendent par le mot Franc, les européens.*

qu'aux femmes le luxe dans leurs ajustements ; pour les hommes, de ne considérer que leurs armes de guerre, et de n'obéir qu'à ces seuls chefs qui suivent fidèlement les principes de leur religion ; de n'avoir aucune relation avec les chrétiens, ni avec les juifs, et de considérer comme ennemis tous ceux qui ne sont pas tributaires des fidèles. Sidi-Mohammed a fondé cette confrérie en 1837.

La loi des « djehad », ou guerres saintes, ouvre aux *croyants* une séduisante perspective : à l'âme fervente, les joies sexuelles d'une vie future ; au « Moujahed » qui combat pour sa foi, les délices du « Djenna », paradis ; au déserteur, les peines de l'*Inferno* (l'enfer).

Tels sont les hommes qui, à Melbas, Teb, Tokhar, Sinkat, Trinkitat, ont gagné, pour Mohammed-Achmed, le dangereux prestige d'être Prophète. Il est écrit, et la presse panislamiste a publié récemment :

« Le Prophète a dit que la guerre durerait jusqu'au jour du jugement. Entre les musulmans et les chrétiens anglais, il peut y avoir un armistice — la paix, jamais ! »

« Le lion britannique », dit un hadjhadj, en pèlerinage à la Mecque l'autre jour, « a un fier appétit. Il est toujours en quête d'une proie, jamais rassasié. Qui dévorera-t-il, demain? Ses griffes de fer s'enfoncent profondément dans la chair, mais elles ne tuent pas. Ses victimes sont condamnées à vivre, ses délices sont de les hacher à son aise, les saigner goutte à goutte et avaler ce breuvage par petites gorgées, en sucer petit à petit la cervelle et la moelle. Mais quelle vie! La mort est préférable. C'est à traîner cette misérable existence que nous sommes condamnés, nous, frères du pays de l'eau des roses (l'Inde). Ainsi sont voués à un perpétuel alanguissement les croyants de l'île de Chypre. Pauvre El-Masr (Egypte)! son destin est d'être ainsi mangée et bue. »

On prétend que Mohammed-Achmed est né à Khanag, en Dongola, en 1842. Il est grand, mince, et son teint est couleur *café au lait* avec des incisions parallèles sur chaque joue, marque caractéristique des habitants du pays. Son costume est d'une simplicité extrême, et consiste en un gallabiah ou large robe blanche, attachée à la taille par une ceinture verte. Sur sa tête, un étroit bonnet blanc; à ses pieds, des sandales de bois, et autour de son cou une sebha, ou chapelet composé de quatre-vingt-dix-neuf grains, numéro correspondant aux principaux attributs de Dieu.

Dans l'année 1868, il était à Khartoum, où il

reçut la consécration religieuse et fut admis dans la confrérie de Sid Abd-el-Kader El Djilani, et Sid-es-Senoussi, et, d'accord avec les formules d'initiations, jura de consacrer son âme et son corps aux intérêts de l'Ordre. L'île d'Abba est située sur le Bahr-el-Abiad (Nil blanc), dans la 13ᵉ latitude Nord. C'était là que Mohammed-Achmed choisit son lieu de retraite. Les arabes de Bagarrah, race brave et guerrière, ressemblant aux bédouins de la Basse-Egypte, occupèrent les deux côtés de la rivière près de là. Ils apprirent vite à entourer l'ermite d'Abba d'une grande vénération. Sid-es-Senoussi leur confia la mission de conférer avec Mohammed-Achmed.

Ils le trouvèrent à genoux et en prières. Lui touchant l'épaule du bout du doigt, comme s'il commettait là un acte d'impiété, le député de Bagarrah lui dit le motif de sa visite : « Sid-es-Senoussi, dit-il, m'ordonne de vous apprendre que vous êtes appelé à commander l'armée. » Mohammed, resta silencieux durant plusieurs moments, et il répliqua qu'il était complètement détaché des choses terrestres, et qu'il avait fait vœu de vivre loin des vanités du monde, à moins que Dieu n'en eût ordonné autrement.

« Mais c'est Dieu qui l'ordonne », reprit l'orateur d'un ton triomphant, « tu es celui que Dieu a choisi entre tous les autres, Sid-es-Senoussi le sait bien, il en a eu la révélation et t'a déclaré Mahdime le Sublime. Tu ne peux pas, par excès d'humilité, refuser les destins qu'Allah te réserve, » Là-dessus les autres députés battirent des mains, et Mohammed, se levant, prit le sabre qu'on lui offrait, et s'écria en le brandissant :

« El-Hamdou, illah ! (gloire à Dieu). Se tournant vers le bagarrah, il dit :

« O toi, *Mouslimine !* (résigné à la volonté de Dieu). Je suis ici le *nazzir-el-Din* (l'aide de la religion). Puisse Dieu me guider au-dessus des têtes des infidèles, et que sa bénédiction repose sur nous, Machallah ! »

Au commencement de juillet 1881, le Mahdi donna le premier signe de ses mouvements militaires. Raouf-Pacha était alors gouverneur de Khartoum. Il savait que Sid-es-Senoussi avait déclaré au peuple du Soudan que le XIIIe siècle de l'Hégire, par la grâce de Dieu, était près de finir, et que, d'après les prophéties, le XIV[o] siècle ouvrirait, pour les croyants, une ère de prospérité, de grandeur et de gloire. Le Prophète du Midi, le sublime défenseur de la *Foi*, faisait maintenant un énergique appel aux armes.

Raouf ordonna à Mohammed-Achmed de venir à Khartoum. Le Prophète accueillit ce message avec un silencieux dédain. Un bataillon de soldats noirs chillouks fut envoyé pour soutenir son autorité. Le bagarrah du Prophète les rencontra et les tailla en pièces. Une seconde et une troisième colonne eurent le même sort.

A Abd-el-Kader-Pacha succéda le faible et timide Raouf. Yusef-Bey fut envoyé contre le Mahdi. Eux aussi furent anéantis, la lance du Prophète était maintenant invincible. En septembre 1883, El-Obeid, capitale de Kordofan, s'était rendue, et maintenant il devenait une menace et un danger pour l'Égypte même.

Le 9 septembre, le général Hicks-Pacha, officier de l'armée anglo-égyptienne, quitta El-Duem, sur le Nil, pour marcher contre El-Obeid. Il amenait des forces estimées à dix mille hommes et un état-major de quarante officiers européens. Des chemins impraticables traversaient l'une des régions les plus arides et les plus désolées du globe. Hicks eut à combattre un ennemi plus actif que les soldats du Prophète : la disette d'eau et les cieux qui les couvraient d'une voûte de feu. Le mirage, toujours présent, rendait plus intense la soif consumante des soldats qui, à la fin, réduits au désespoir, essayèrent de trouver dans l'estomac des animaux mourants de quoi alléger leurs souffrances. De cette troupe dévouée, personne ne survit pour en dire l'histoire[1]!

Osman Digma a ajouté au prestige des armes du Prophète, dans les batailles de Tokar, El-Teb, Trinkitat et Sinkat. Les eaux du Nil inondent Khartoum, et nous verrons bientôt si le Mahdi compte jouer le rôle de « sublime », qui lui a été assigné par Sid-es-Senoussi.

Zebehr-Pacha mérite l'attention de concert avec le Mahdi. Il peut être destiné à jouer, dans la solution de cette question du Soudan, un rôle qui n'est pas sans importance. Cela peut être comme le « vekil » de Gordon ou de Mohammed-Achmed, cela peut être, s'il parvient à s'échapper en éludant la surveillance du Caire, un Mahdi, rival à la fois de Gordon et de Mohammed.

Lord Churchill a récemment présenté un projet à la Chambre des Communes, à l'effet de s'enquérir de la position de Gordon à Khartoum;

---

1. Il est rapporté que le baron Seckendorff, un officier allemand, est gardé en prison dans Obeid, et qu'un allemand, serviteur d'un des officiers qu'on dit avoir déserté Hicks-Pacha, est maintenant à organiser l'armée avec laquelle on dit que le Mahdi se propose de faire une descente en Égypte.

le premier ministre dit avoir établi que la position de Gordon à Khartoum était essentiellement pacifique, mais que maintenant il faisait des opérations militaires. Le gouvernement allait-il rappeler Gordon? Le premier acte de Gordon fut de demander la pacification d'une partie du Soudan et « que ce *scélérat abandonné*, Zebehr, lui fût envoyé ». Il admet le dévouement avec lequel le général Gordon est venu au secours d'un gouvernement expirant, mais ces deux actes *méritent la plus sévère censure du Parlement*.

Zebehr, comme Mohammed, est de Dongola, et est, dans l'idiome Soudanais, un dongolooui. Il quitta Khartoum, il y a des années comme l'un des soldats irréguliers — les *hotariah* employés à la chasse aux ivoires et aux esclaves, pour le compte de la maison Rataz, Agad, Abou-Saoud et autres.

Dans les régions de Bahr-el-Ghazell, dans le Dar-Fertit, au sud et à l'ouest de Darfour, il réussit à former au milieu des nègres un état fait de vastes zéribas ou esclaves du lieu, au-dessus desquels il plaça ses sous-gouvernements ou *vékils*.

En 1867, il devint assez fort pour défier le percepteur des contributions et refuser de payer le tribut levé sur lui par le gouvernement de Khartoum.

Une expédition fut envoyée contre lui, sous le commandement de Balalaoui-Mohammed, mais Zebehr rencontra Balalaoui avec une force écrasante et détruisit sa petite armée.

Le gouvernement, impuissant à contrôler Zebehr, lui offrit le rang de bey à son service. Il accepta et, de concert avec Ismaïl-Pacha-Ayoube, alors gouverneur de Khartoum, marcha contre Brahim, sultan de Darfour, le défit et prit possession du Fashr, sa capitale. En reconnaissance de cette importante conquête, le gouvernement créa Zébehr pacha. Mais la jalousie d'Ayoube fut éveillée et il commença son système d'intrigues et de plaintes contre Zebehr que, finalement, il décida à descendre au Caire et à en appeler à la justice du Khédive lui-même. Zebehr fut fait prisonnier pour sa peine et il a depuis vécu au Caire, avec la pension de 2,500 francs par mois que lui octroie le gouvernement.

Nous avons vu que Gordon avait insisté pour que Zebehr fût envoyé pour lui succéder comme gouverneur général. La proposition est certainement extraordinaire, mais Gordon est toujours en relations avec l'extraordinaire. En 1874, quand il fut nommé gouverneur général, il ouvrit les portes de la prison où Abou-Saoud, avait été enfermé par Sir Samuel Baker, qui l'accusait de conspiration et d'être la cause de son désastre et de sa retraite de Masindi.

Abou, appelé par Gordon, son *vekil* durant son absence aux Grands Lacs, était d'accord avec Suleiman que le volontaire Abou avait fait nommer ambassadeur à Keba-Rega, et qui m'attaqua à M'rooli, plus fort de cinq cents hommes, en août 1874, en descendant le Nil, revenant d'U-gunda.

Dr Scheweinfurth, en décembre de l'année dernière écrit ainsi sur Zebehr :

Il est un autre projet, plus douteux même que le résultat de l'expédition de Baker-Pacha à Tokhar, qui jette une ombre sur tous et sur nos efforts pour la suppression du commerce des esclaves. Je veux dire la nomination de Zebehr-Pacha et l'enrôlement des nègres, auquel il travaille jour et nuit. On prétend qu'il en a déjà plusieurs milliers, mais quelles bandes : d'anciens esclaves, chassés par leurs maîtres pour leur mauvaise conduite, des gens sans aveu, des voleurs des rues, un assemblage de la pire sorte, qui sont de moindre valeur même que les soldats égyptiens, et c'est avec ce singulier mélange qu'il va se battre.

Combien il est dangereux pour le pays de donner

à un homme comme Zebehr un pouvoir aussi illimité. Pense-t-on qu'il oubliera ses trois fils assassinés par le gouvernement? Une fois dans son pays natal, il se mettra avec le Mahdi et payera son armée en esclaves.

Ces expéditions sous Gessi qui, d'humble employé, s'est élevé au rang de pacha, ont pris de l'importance par l'extension que leur a donnée la presse anglaise. Elles ont servi à donner une teinte d'héroïsme et de dévouement à une croisade contre l'esclavage et les trafiquants d'esclaves, dont on peut bien mettre en doute la sincérité à propos de ce qui s'est passé à Khartoum. Nous devons nous rappeler que l'infortuné Gessi fut son propre historien, et que maintes grandes batailles, prétendues livrées contre les trafiquants d'esclaves, se trouveront en réalité avoir été de simples *razzias* contre des *zéribas* sans défense.

Zebehr, qu'on a *interviewé* plus tard au Caire, a donné de lui-même cette appréciation :

Je n'ai pas besoin de revenir sur mon rapport. Il vous est probablement bien connu et à tout le monde en général. Pas un homme actuellement en Egypte n'a rendu au pays les mêmes services que moi, et vous voyez la récompense. Ce sont les accusations de Gordon qui m'ont blessé le cœur, mais maintenant il reconnaît son tort. Il m'a télégraphié de prendre sa place, et a dit au gouvernement que la confiscation de mes biens était injuste et qu'ils devraient m'être restitués.

Il a demandé qu'on me donne immédiatement de l'argent, et on m'a envoyé cent vingt-cinq mille francs. C'est une bagatelle, mais il n'en est pas cause. Savez-vous ce que me doit le gouvernement? Pour la conquête de Darfour seulement, j'ai dépensé 250,000 francs de ma poche ; c'est certifié et enregistré par les archives.

Les biens qu'on m'a confisqués valent de 750,000 à 1 million de francs.

Voici ce qui est arrivé pour mon fils. Des intrigants jaloux m'ont noirci près du Khédive, et j'ai été mandé à la capitale. La conscience tranquille, je suis venu de suite, laissant en toute confiance ma famille et mes biens. Là, j'ai trouvé Gordon. J'ai protesté de mon innocence, et à Kasr-el-Nil, j'ai offert d'aller avec lui et de prouver la fausseté des accusations portées contre moi. Il a refusé, mais m'a dit d'écrire à mon fils Suleiman une lettre lui enjoignant de se soumettre à lui. Je lui écrivis, disant que Gordon allait comme représentant du Khédive et de moi ; qu'il devait le traiter en seigneur et en frère et le servir comme un esclave s'il le fallait et obéir à ses moindres paroles. J'ai donné à Gordon une lettre de ce genre. Je l'ai accompagné à la gare, et mes derniers mots furent pour placer mon jeune fils de seize ans sous sa protection. Quand Gordon arriva, mon fils alla à sa rencontre. Gordon le traita avec beaucoup de bonté, lui donna un jeu d'échecs et le fit gouverneur de Bahr-el-Ghazal.

Peu de temps après, un serviteur de la maison, appelé Edreis, se sauva, alla trouver Gordon et lui dit que Suleiman était un traître qui en dessous travaillait contre lui. Il crut tout de suite ce scélérat et le nomma gouverneur à la place de mon fils, sans prendre plus d'informations. Suleiman, en apprenant ceci, envoya neuf Ulémas à Gordon pour l'assurer de son respect et de sa loyauté. Quand ils arrivèrent, on les fusilla tous. Deux autres furent envoyés; ils subirent immédiatement le même sort. Je ne puis comprendre un pareil traitement fait à des ambassadeurs.

Suleiman dit qu'il irait lui-même trouver Gordon, et partit avec douze cents hommes pour Dara, où il croyait le trouver. Lorsqu'il fut à six heures de distance de Dara, il apprit qu'il était à Khartoum. Il retourna sur ses pas pour y aller. En route, il rencontra Gessi avec cent cinquante hommes. Gessi lui ordonna de se rendre. Il protesta contre cette façon de le traiter en ennemi. Gessi répliqua qu'il était le représentant de Gordon et que Suleiman ne pourrait mieux prouver la loyauté dont il se vantait qu'en venant avec lui. Suleiman dit que si Gessi voulait lui donner sa parole d'honneur que les charges contre lui seraient clairement indiquées, il se rendrait tout de suite et s'en rapporterait à la sentence prononcée. Ceci était la plus grande preuve de sa loyauté, et lui et ses hommes étant de beaucoup les plus nombreux, il eût pu aisément faire Hercule prisonnier. Gessi promit cependant. Alors Suleiman ordonna à son escorte de déposer les armes; et pendant six ou sept jours, Gordon et lui furent amis, mangeant à la même table et étant sans cesse en compagnie l'un de l'autre. Le dixième jour, cependant, Gessi fit dire à Suleiman et à ceux de sa famille qui étaient avec lui de venir le trouver. Ils y vinrent et le trouvèrent assis sous un grand arbre. En dix minutes, il les eut tous fusillés.

Je ne crois pas que Gordon ait jamais donné l'ordre de commettre un tel meurtre; car il est très humain. Ne pouvant pas parler notre langue, il est susceptible d'erreurs; mais je ne crois pas qu'il eût voulu fusiller mon fils sans l'entendre. Toutefois, c'est une chose passée. Je lui ai pardonné comme nous espérons tous être pardonnés. Gessi est mort à Suez depuis. Au dernier jour, Dieu jugera entre lui et moi.

M. Archibald Forbes, dans l'histoire du « Chinois Gordon », a donné une couleur plus héroïque à la « brillante manœuvre de Gessi » ; mais il n'est pas impossible que la demande surprenante de Gordon que « le scélérat de Zebehr » lui succède, soit, après tout, une *amende honorable* faite au père à cause de la mort du fils.

Quoi qu'il en soit, Zebehr et moi ne sommes pas de bons amis. Quand j'étais dans le Niam-Niam et que Zebehr occupait le sud du pays, il envoya une troupe de ses *dongolooui* à vingt jours de marche dans le nord, faire une *razzia* dans une tribu au milieu de laquelle j'avais établi un poste militaire. Se trouvant trop faibles pour attaquer, ils nous firent des avances amicales, et partirent bientôt, les mains vides, non toutefois sans avoir tenté de m'assassiner. Dans la nuit du 19 février, mon factionnaire prit l'un d'eux un couteau dans la main, se glissant à genoux dans la hutte que j'occupais. Au même instant, plusieurs coups furent tirés, mais sans me blesser [1].

De retour au Caire, j'accusai Zebehr d'avoir ordonné ceci, mais il nia avoir eu connaissance de ce fait.

---

1. Voir les *Vérités nues sur un peuple nu*, du même auteur.

# CHAPITRE III

## Le Chinois Gordon.

Il y a peu d'hommes qui aient assez vécu pour qu'on écrive sur eux autant qu'on l'a fait sur Charles Georges Gordon. Dévot, missionnaire et soldat, il est en tout temps enveloppé des feuilles de la Bible comme d'un manteau. C'est un étrange mélange du Cromwell, du Havelock, du Carlyle et du Livingstone. S'il avait vécu au temps du grand réformateur, il aurait sans doute joué un rôle important. Il est toutefois au-dessus de tout, Gordon lui-même; avec un profond mépris pour ses égaux, mais une certaine sympathie — de la pitié plutôt — pour ses inférieurs, fait rendu très apparent dans son administration du Soudan, où il se débarrasse bien vite de ses égaux et les remplace en maints cas par des subordonnés mercenaires, qu'il paye d'une façon extravagante mais auxquels, quand l'occasion se présente, il administre aussi de bons coups de pieds.

Il est né à Woolwich (Angleterre), le 28 janvier 1833, c'est le quatrième fils du défunt lieutenant général Henry W. Gordon. Il descend d'une race de soldats, un de ses ancêtres directs était le descendant du roi de Cumberland et un acteur distingué dans la guerre canadienne, sous Wolfe dans les plaines d'Abraham.

Gordon est général dans le génie royal de l'armée anglaise et Commandeur de l'Ordre des Bains. C'est aussi un Ti-Tu et il a rang de mandarin au service de la Chine, où comme commandant de la « toujours victorieuse armée » il a acquis le sobriquet de Chinois Gordon, nom qui a fait le tour du monde. Il appartient à l'Ordre de l'Etoile et est autorisé à porter la « jaquette jaune » et les « plumes de paon ».

Il porte allègrement ses cinquante ans. Actif d'esprit et de corps, le teint bronzé et des manières presqu'enfantines, le front paraît même plus jeune qu'il n'est. Son pas est léger, ses mouvements vifs, presque analogues à ceux du léopard. Il lui est très difficile de se contenir quand sa colère est éveillée.

Le but de ce livre est de n'en parler que comme gouverneur général des provinces équatoriales du Soudan — position qui lui fut assignée par le vice-roi d'Egypte, pour succéder à sir Samuel Baker.

C'était la nuit du 20 février 1874, pendant qu'assis à table, au Caire, en joyeuse compagnie d'amis parisiens, je reçus un billet qui disait simplement :

« Mon cher Chaillé-Long. Voulez-vous venir » avec moi dans l'Afrique centrale ? Venez me » voir de suite.

» A vous sincèrement.

» C. G. GORDON. »

Vraiment l'Egypte est le pays de l'improbable et dans lequel l'inattendu arrive toujours. Je suis entré dans l'armée égyptienne au commencement de 1870, avec le rang de lieutenant-colonel, afin de combattre pour l'indépendance d'Ismaïl-Pacha, Khédive d'Egypte, qui, pour un moment, avait seulement rêvé de secouer le joug de la Turquie. A l'exception de quelques mois d'agréable service sous le général Loring, qui commandait un corps d'armée à Alexandrie, mon service était purement nominal. J'obéis avec empressement à cette demande inespérée. C'était l'œuvre du Kismet !

Qui était Gordon ? J'en avais entendu parler seulement ce jour-là. Je ne savais rien de l'homme qui, d'après le décret de la Destinée, serait mon chef dans l'Afrique inconnue et sauvage.

Gordon vint au-devant de moi d'un pas vif, une sorte de glissé rapide, puis, saisissant ma main, s'écria : « Comment cela va-t-il, mon vieux ? Venez prendre un verre d'eau-de-vie et d'eau de seltz, cela nous aidera à parler de l'Afrique centrale. Le Khédive m'a parlé de vous l'autre jour. Vous parlez l'arabe et le français. Je vous fais chef d'état-major. Vous connaissez l'armée soudanienne entière. Vous avez le rang de pacha. Le Khédive m'a donné un firman de gouverneur des provinces de l'Equateur pendant trois ans. Voulez-vous y aller ?

Vingt-quatre heures après, le 21 février 1874, une nombreuse réunion d'amis me souhaitait un affectueux adieu, et un train spécial m'emmenait dans l'Afrique centrale, qui, pour le *fellah* égyptien, est une terre de mort et d'exil, une sorte de *Nouvelle Calédonie* pour le gouvernement égyptien. Pour moi, bien loin de partager les sombres présages de mes amis, j'envisageais mon service là-bas avec grand plaisir et même alors, j'avais formé le projet de pousser jusqu'aux sources du Nil. Le lieutenant Hassan Wassif, un beau jeune officier égyptien, nous accompagna comme aide de camp de Gordon. Il pleura amèrement toute la nuit dans sa chambre, à l'hôtel de Suez, à la pensée d'aller dans ce terrible Soudan, et refusa toute consolation.

Arrivés à Suakin vers le 25 février, nous partîmes le 28 au travers du désert, à un pas effréné sur des chameaux, avec une escorte de quinze soldats, fournis par Eliadine-Pacha, le gouverneur de Suakin. Accomplissant la traversée dans l'espace incroyable de huit jours, nous arrivâmes à Berber le 8 mars, prouesse dont Gordon était très fier. De plus, il voulut mettre notre ardeur à l'épreuve, et je confesse que, si ce n'eût été la détermination de le voir tiré de là, j'aurais volontiers crié *peccavi*, comme le pauvre Hassan et nos soldats usés, que Gordon qualifiait de (pauvres diables) d'un ton lamentable.

Berber se lève du sable du désert comme une cité fantôme. Ses majestueuses palmes, ses grands acacias inclinent le haut de leurs larges feuilles des jardins frais et ombreux, comme pour saluer le voyageur fatigué et isolé qui émerge du Grand-Désert.

Hussein-Halifa, maintenant Hussein-Halifa-Pacha, gouverneur de Berber, était alors cheikh du Grand-Désert (Cheikh-el-Atmour). Son pouvoir et celui de sa famille, parmi les tribus du désert, sur la route de Korosko et à Suakin en fait un grand personnage, dans l'estime du gouvernement du Caire. C'est à lui qu'on doit la soumission dans laquelle ces bandes guerrières sont restées jusqu'à présent. En traversant Korosko avec Gordon, pour aller à Berber, au mois de janvier de cette année, notre voyage perd de son caractère dramatique, quand on sait que Hussein-Halifa s'est porté garant de la vie de Gordon, et a confié la sécurité de son passage à son propre fils, qui commande l'escorte des bédouins Orbanais à Berber.

Halifa a de l'analogie avec le gracieux palmier de son jardin. Il est grand, bel homme, a environ soixante ans et appartient à la fière race nubienne dont la peau, bien que noire, n'a aucun rapport avec celle des nègres. Ses traits sont finement sculptés et ses extrémités sont petites et absolument aristocratiques. Comme toute sa race, Hassan Halifa méprise les fellahs arabes et les nègres.

Il s'avança au-devant de nous, quand nous arrivâmes, avec une grâce et une dignité inimitables, et, assis dans son jardin, partageant sa cordiale hospitalité, j'examinais avec surprise ce gentil-homme du désert de qui les gommeux de nos jours dégénérés feraient bien de prendre une leçon de vraie politesse.

On dit que la garnison de Berber — ce qui en restait du moins — est tombée dans les mains du Mahdi, car on prétend que 3,500 d'entre eux ont déjà été massacrés impitoyablement et que le sort de l'héroïque Halifa est encore inconnu. Le 13 mars, nous arrivâmes à Khartoum, Gordon écrit à sa sœur : « Nous avons quitté Berber le 9 mars et nous sommes arrivés ici le 13 dès l'aube. Le gou-verneur général, Ismaïl-Pacha Ayoube est venu au devant de votre frère en grand uniforme et il l'a abordé au milieu d'une salve d'artillerie et d'un bataillon de troupes avec sa musique. C'était beau à voir (le jour avant, votre frère avait enlevé ses pantalons et aidé à pousser le bateau dans le Nil, malgré les crocodiles qui ne vous touchent jamais quand vous bougez), maintenant il ne peut pas re-muer sans être entouré de gardes. J'ai une bonne maison ici, je m'y trouve très-confortablement et très heureux. J'ai eu une revue le lendemain de mon arrivée et j'ai visité les hôpitaux et les écoles. Ils sont bien entretenus et les petits noirs étaient con-tents de me voir (je voudrais bien que les mouches ne dînassent plus au coin de leurs yeux).

» Khartoum est un beau pays, quant à la position. Les maisons sont construites en terre avec des toits plats. Je pars le 20 pour Gondokoro où j'espère être rendu le 18. La caravane vient après moi et sera là dans deux mois. (Cette caravane était sous la garde du major Campbell, un galant officier américain, qui est mort plus tard à Khartoum, et de MM. Anson De Witt et Linant qui sont morts à Gondokoro. Gessi a la charge des bagages du colonel Gordon.)

» Je suis très bien et j'ai des heures tranquilles en dépit de tout le travail. Dites à ...... que, selon son expression, « Il n'y a pas de meilleur officier que soi-même pour s'être utile. » « Je crois que le Khédive m'aime, mais c'est le seul, et je ne les aime pas. — Je veux parler des fats, sur les pieds desquels je marche de toutes les façons. J'ai vu ..... à Suez. Il est d'accord avec moi sur un point quant à la pourriture de l'Égypte; tout est pour la chair et dans nul autre endroit la nature humaine ne peut être étudiée aussi avantageusement. Le duc de *Ceci* veut un vapeur — disons 150,000 fr. Le duc de *Cela* veut une maison, etc. Constamment le pauvre peuple travaille pour trouver cet argent. Qui es-tu donc pour avoir peur d'un homme? Si c'est Sa Volonté, je l'ébranlerai de quelque manière, je ne vois pas encore clairement comment ne pas penser que je suis égoïste. Je suis comme Moïse qui dédaignait les richesses d'Égypte. Nous aurons un roi plus puissant que les autres, et plus de force et de richesse solide que nous n'en pourrons avoir sur la terre. Je ne m'inclinerai pas devant Haman. »

Gordon commença à ébranler le gouvernement soudanien, comme je l'ai dit, par une proclamation du monopole de l'ivoire, et par une confiscation aussi injuste qu'insensée des biens de ceux qui sont en armes aujourd'hui. C'était « l'œuf qu'il a déposé pour l'insurrection du Soudan. »

# CHAPITRE IV

## A Khartoum.

En se reportant à une période préhistorique, il y a une sorte de mouvement ethnique irrésistible de l'Égypte vers le Sud. L'ancienne Égypte tira sans doute, de l'Afrique centrale, les esclaves qui bâtirent ses impérissables temples et ses monuments. Méhémet-Ali, dans ses rêves d'empire et de conquête, se tourna naturellement vers les sources du Nil. Le Nil, c'est l'Égypte elle-même ; sans lui, cette contrée serait un aride et vaste désert.

C'était en 1821, au moment où Méhémet-Ali avait fondé la dynastie des Khédives sur les mameluks égorgés, qu'il envoya son fils Ismaïl, et depuis le Defterdar pour soumettre le Soudan, ce qui fut exécuté complètement à l'honneur du vieux grand homme d'état. Il fonda Khartoum, maintenant une cité de 30,000 habitants, située sur la

rive gauche de Bahr-el-Azrak (Nil-Bleu), à environ deux milles de la pointe Ras-Khartoum qui
marque la jonction du Nil-Bleu avec Bahr-el-Abiad
(Nil-Blanc). Comme *entrepôt* naturel du commerce
de Senar, Kordofan, Darfour, Fazogli et Taka,
Khartoum a réalisé, en importance commerciale, les
espérances du distingué pacha.

Les provinces de l'Afrique centrale, annexées
dans ces dernières années, quoique peu dévelop-
pées, ont naturellement ajouté à son commerce.
L'exportation et l'importation du Soudan sont éva-
luées, brut, à cent millions de francs ; et comme
les fabriques et la grande partie des marchandises
sont pour la plupart anglaises, il est présumé que
l'Angleterre en ordonnant un abandon de ces provinces, l'a fait dans le but d'établir un nouvel et
permanent protectorat, entièrement détaché de la
question d'Egypte. Mais retournons à Gordon dans
Khartoum. Le 14 mars, il me communiqua, en
qualité de chef d'état major l'ordre du jour suivant,
adressé aux « messieurs composant mon état-major
civil et militaire » :

Messieurs,

Comme il est préférable que je vous expose mes
vues avant que nous entrions en relations plus in-

times, j'ai jugé à propos de vous adresser ces lignes sur différents sujets :

1° Je considère que le caractère provisoire qu'a maintenant cette expédition cessera dans deux ans et, après ce laps de temps, ce sera à moi de conserver les services de chacun ou de tous les membres de la présente expédition, ou de m'en dispenser, comme il me semblera préférable pour le service public. Tel est le pied sur lequel je suis moi-même avec le Khédive.

2° Nous sommes tous volontaires, et chacun de nous est libre d'entrer dans le service ou de le quitter, selon qu'il juge à propos.

3° Je demande à chacun de vous tous ses efforts. Je demande la plus prompte exécution des ordres. Je désire que, non contents de donner un ordre, vous veilliez à son exécution et me teniez au courant des faits. Oublier quelque chose équivaut à un refus d'obéir — même c'est en quelque sorte pire ; car, dans ce dernier cas, je puis donner mes ordres à un autre tandis que dans le premier je me laisse aller à une sécurité trompeuse et je ne prends pas d'autres mesures. D'après mon expérience, les plus grands défauts qu'un homme puisse avoir, dans une expédition comme la nôtre, sont : *le manque de mémoire, la négligence à s'assu-*

*rer de l'exécution d'un ordre, se contentant de l'avoir donné, temporiser et se lever tard.* Quelques talents qu'un homme puisse avoir, s'il a les défauts ci-dessus, je lui préfère un homme d'une intelligence bornée.

4° Mon devoir envers vous est de veiller à ce que, autant que nos ressources nous le permettent, vous soyez bien soignés ; que vos ordres soient justement appuyés, que vous en ayez le contrôle, cependant, sous ma surveillance. A l'égard des subordonnés, que vous pouvez employer, vous aurez pleins pouvoirs pour les engager et les renvoyer, pourvu que les fonds disponibles ne soient pas dépassés. Vous aurez tout le mérite que vos efforts pourront vous acquérir, et je ferai de mon mieux pour favoriser vos intérêts.

5° Je me propose de donner à chacun de vous une somme de ....., pour les domestiques que vous choisirez vous-même, mon devoir se bornant à payer leur salaire.

6° Je me propose de vous donner un assortiment de provisions qui sont venues d'Angleterre. Ces provisions seront pour une période déterminée ; si elles sont épuisées avant le temps, je ne serai pas responsable si vous en souffrez.

7° Pour votre bien être, je dois vous prévenir

qu'il est nécessaire d'avoir votre valise aussi complète que possible. Vous aurez à donner la plus grande attention à ceci : N'oubliez pas votre brosse à dents, votre savon, des serviettes, un manteau, des clous, des cordes, etc. Ne dormez pas sur la terre, quelle que soit la chaleur, sans mettre quelque chose en travers de vos reins, n'oubliez pas vos rideaux contre les moustiques ; si vous êtes fatigués, prenez de la quinine, que vous ayez ou non la fièvre ; prenez du café ou quelque chose avant de sortir le matin ; faites attention, si vous sortez, à prendre votre gourde et votre nourriture, et ne comptez sur personne pour vous aider si vous n'êtes pas muni de ces objets.

8° Vivez autant que possible en bon accord avec les troupes égyptiennes et avec les natifs. Soyez loyaux envers le Khédive, et rappelez-vous qu'il ne faut pas juger les actions des hommes de ce pays, comme nous jugeons celles de nos compatriotes.

Certain d'avance que nous nous entendrons les uns les autres, j'ai l'honneur d'être, messieurs, votre dévoué,

C. G. GORDON.

Ce manifeste a été communiqué par le chef d'état-major Chaillé-Long.

Le gouverneur de Khartoum nous donna un grand dîner. Beaucoup de notabilités de la ville furent invitées : Monseigneur Camboni et la mission catholique autrichienne, M. Hanzell, le consul autrichien ; Geigler, un employé du télégraphe que Gordon à fait pacha depuis, dans un moment de caprice. Hanzell nous fit un éloquent discours en arabe. Il a vécu vingt-cinq ans à Khartoum, a épousé une négresse et est le père d'une nombreuse famille de petits noirs. Il se laissa aller à une trop grande absorption de *raki* et se trouva complètement ivre. Après la fête, les soldats dinkad et chillouks, au nombre de cinq cents au plus, donnèrent, dans une cour ouverte du palais, une *hamalalah* (danse) du Nil-Blanc. A ceci succéda l'apparition subite d'une douzaine de jeunes femmes au type abyssinien, entièrement nues, qui dansaient en rond, battaient la mesure avec leurs pieds et produisaient avec leurs lèvres serrées une sorte de gloussement. Ceci était le *ballet de théâtre* à Khartoum. Hanzell, grâce à ses fréquentes libations, avait perdu tout sentiment de *l'honos cum dignitate* qui doit entourer le consul ; il se jeta au milieu des jeunes filles et se joignit à leur mimique. Ismaïl acclama le consul en vociférant, mais c'en était trop pour Gordon, qui, incapable de réprimer plus longtemps sa colère, s'élança du divan et quitta brusquement la scène à la consternation d'Ayoube et à la terreur d'Hanzell.

Ceci fut le commencement de ces « escarmouches » qu'il raconte avoir eues avec Ayoube, et qui finirent par le rappel de ce dernier au Caire.

# CHAPITRE V

## Gondokoro.

Vingt-six jours plus tard, le 17 avril, le vapeur nous débarqua à Gondokoro, la future capitale du gouvernement équatorial.

Gondokoro, sur la rive droite du Nil, est élevée à environ dix pieds au-dessus du niveau de la rivière. C'était alors un assemblage d'un millier de huttes de paille de forme conique, surmontées d'une haute palissade du même matériel.

La canisia ou église de briques, élevée par les pieuses mains des prêtres autrichiens, avait depuis longtemps disparu et les briques rouges, enfoncées dans la poussière et mêlées de graisses, avaient servi d'ornement aux corps nus des Baris.

Gordon avait été abattu durant tout le voyage. Il me dit, en entendant le cri singulier poussé par des espèces de cigognes se levant des buissons de

la rivière, effrayées par le bruit de notre vapeur :
« Entendez cela Long, elles se moquent de nous.
Faut-il que nous soyons fous pour aller vivre dans
cet abominable pays. »

A Gondokoro il dit : « Eh bien, je suis très dé
couragé Long, que ressentez-vous ? Je pense que
j'irai à Khartoum. En réalité, je ne vois pas qu'on
puisse rien faire de ces gens. Allons-nous en. Les
canards même se moquent de nous d'être venus
jusqu'ici. »

Le 20 avril, Gordon retourna à Khartoum où il
devait rencontrer ses *impedimenta*, employés, et le
fameux Abou-Saoud, que, malgré la triste expérience de sir Samuel, il déclara fait et bâti pour
gouverner, mais qui était un scélérat et un traître,
comme la suite l'a prouvé.

J'ai été en quelque sorte l'associé du colonel
Gordon, depuis le 1ᵉʳ février. J'avais été entraîné
vers lui par le magnétisme personnel qu'il possède
à un haut degré. Toutefois les contradictions de ses
projets en font une énigme, même pour ses plus
intimes amis.

Dᵣ Schweinfurth dit de lui :

« Parfois, il est affable, condescendant, cordial ;
parfois il malmène tout le monde, il est rude,
encrouté et inapprochable. Ses plans chan-

gent, même pendant leur exécution, et il n'agit d'une façon droite que guidé par son enthousiasme. »

La *Pall Mall Gazette* dit qu'un homme de la sorte serait bien plus capable d'écraser le Mahdi, que de reconstruire en cinq ans ce qu'il a détruit en cinq jours.

Son ambition s'est voilée sous la forme d'une mission. C'est comme « divine figure du Nord » que Gordon rêve un empire — un roi des nègres d'Afrique, « sans couronne ».

Le 24 avril, pour poursuivre le plan d'expédition que j'avais formé, je laissai Gondokoro sous la garde des soldats Saïd et Abd-el-Rahman, qui m'accompagnaient volontairement dans cette expédition vers le Sud.

Les mystérieuses régions du lac Victoria (où règne M'Tsé) et les sources du Nil, ont été et sont encore l'Eldorado des explorateurs africains. La question du problème des sources était encore irrésolue, à cause de la longue lacune entre les lacs Victoria et Albert. Je m'imposai alors la tâche de compléter l'ouvrage de Speke et de Baker.

L'accomplissement de cette tâche, et la découverte du lac Ibrahim, ou lac Long, troisième grand bassin du Nil, parmi d'indicibles souffrances et privations, est retracée dans le volume intitulé « l'Afrique Centrale : Vérités nues des peuples nus. »

J'atteignis Gondokoro. A mon retour, le 18 octobre, Gordon m'accueillit de la façon la plus affectueuse. Il me dit : « Long, vous avez fait un grand travail, vous serez un héros, je vais vous photographier. Il faut que vous alliez à Khartoum. » Il m'emmena où avait été la *canisia*, et, montrant les tombes de Linant et De Witt, dit : « Anson et Campbell sont descendus à Khartoum par la rivière. »

Dans son livre, « le colonel Gordon dans l'Afrique Centrale, » il écrivait en octobre 1874 : « Long avec M'Tsé. Je n'en ai pas entendu parler depuis six mois. Le Khédive est charmé de l'opinion de Long sur M'Tsé et il envoie à ce dernier une voiture somptueuse, que je ne crois pas qu'il ait jamais de moi. Long ne l'a vu qu'une fois. » Ce refus d'envoyer la voiture à M'Tsé fut une source de regrets pour le roi. L'objection que je n'avais vu M'Tsé qu'une fois, était en effet assez singulière ; car j'ai été, durant un mois, l'hôte du roi africain et je l'ai vu fréquemment, bien trop souvent pour les pauvres victimes qu'on sacrifiait brutalement en mon honneur, malgré mes protestations que de telles choses étaient indignes d'un roi.

Le 20 octobre, il dit : « Long est revenu avant hier. Il a eu de durs instants. Il a quitté cet endroit pour Fatiko le 24 avril, où il est arrivé dix jours après ; de là, il est allé aux chutes Karuma, puis chez M'Tsé, qui l'a bien reçu. Il se rendit à Urondogani et de là, avec deux canots, il descendit le Nil jusqu'à Foueira. Il ne trouva point de cataractes sur la route. C'est une grande affaire pour moi, car Fatiko est à dix jours d'ici, Foueira à quatre jours de Fatiko, et je n'ai qu'un cours d'eau de trois jours jusqu'au palais de M'Tsé. Long dit qu'il traversa un grand lac entre Urondogani et Foueira. Il a été attaqué en route par des hommes de Keba-Rega, et a dû combattre pour pouvoir passer près de M'rooli.

22 octobre : « Deux cheikhs vont vers M'Tsé pour lui enseigner le Koran ; j'en suis fâché. »

Le fait est que, sous la dictée de Gordon, j'écrivis une lettre au Khédive, dans le but spécial de demander que deux *fikis* (prêtres) fussent envoyés au Caire et je m'étonnai beaucoup de cela dans le moment. En réponse à sa lettre, on envoya les *fikis*.

« J'ai été contrarié depuis que je vous ai écrit et pourquoi? Parce que j'ai été rendu malade par la faiblesse de mon état-major. » — Sans doute me désignant : « Revenu malade, s'est emparé de moi comme d'un serviteur et de mes affaires comme des siennes. Ayant perdu son lit, il a pris le mien; a été mouillé, a eu refroidissement; j'ai maintenant donné des ordres pour que toute maladie se guérisse loin de moi, que l'état-major ne doit approcher que pour le service.

» Je retire mes hommes à Keba-Rega, qui avec eux, était dans le secret de l'attaque sur Long, c'étaient des soldats de Dongola. »

Il peut être intéressant pour le lecteur de noter, juste ici, que près de revenir d'Ugunda, par la rivière du Nil, le roi M'Tsé m'envoya sa propre fille, âgée d'environ dix ans et plusieurs autres jeunes filles et garçons, comme cadeau. Ne vous étonnez pas, cher lecteur, ceci est l'étiquette de la cour à Ugunda — noblesse oblige — et personne ne peut refuser sans causer une mortelle offense, et ensuite mettre en péril la vie même d'une fille.

La princesse d'Ugunda est maintenant au Caire; les sœurs du couvent ont eu pour elle des soins très tendres, elle a été baptisée et élevée à mes frais. J'avais espéré la renvoyer à son père, et comptais, si ce n'avaient été les troubles actuels en Egypte, demander au Khédive de la marier à un officier égyptien, qu'il aurait envoyé, avec la princesse, sa femme, à la cour du roi pour y représenter les intérêts de son gouvernement.

Je crois que sa *conversion* au christianisme a plus de valeur, peut-être, que la conversion de son père, que M. Stanley avait, depuis ma visite, déclaré avoir converti, et, pour son édification, fait traduire la Bible et les psaumes dans le langage d'Ugunda ; traduction un peu difficile à accomplir quand on sait que, un an avant, quand j'étais à Ugunda, l'idiome du pays n'était pas encore écrit.

Linant, qui était à Ugunda en même temps que Stanley, dit qu'après le départ de celui-ci, M'Tsé, un jour en sa présence, ajusta l'une de ses femmes avec son fusil et lui enleva le haut de la tête en s'écriant : « Oh ! quel beau tireur je suis ! »

Je puis ajouter qu'il a été reporté que M'Tsé, embarrassé par la quantité de dogmes que l'avaient pressé d'accepter les méthodistes, les baptistes, les presbytériens et autres missionnaires qu'on lui avait envoyés, leur avait, en désespoir de cause, donné l'ordre de partir tous, puis ayant réuni cinquante vierges, il les fit assassiner pour apaiser les dieux de son ancienne foi.

J'ai dit dans les « Vérités Nues » : Le roi M'Tsé avait adopté la foi musulmane, quand je suis venu dans ce pays. Étant soldat et non missionnaire, je n'ai pas entrepris sa conversion. Dans mon opinion, « c'était du temps perdu. » Le temps a prouvé la justesse de cette *observation*.

# CHAPITRE VI

## Les sources du Nil.

Une singulière erreur a été commise par la Société Royale de Géographie à Londres, dans le changement de nom du lac Ibrahim, découvert par moi, en celui de Cojé avec le nom de Gordon dessus. J'ai adressé une protestation respectueuse à Sir Rutherford Alcock, K. C. B., président de la société, et à mon distingué ami, le défunt sir Bartle Frère. Je disais : « Je suis on ne peut plus jaloux de ce lien qui attache mon nom à ceux de Speke et de Baker comme un de ceux qui ont découvert la source du Nil. En réponse, ils me renvoyèrent à Gordon, qui eut l'obligeance de m'écrire une lettre contenant une note rectificative disant :

J'ai donné mes cartes de dessin à la Société Royale de Géographie, comme elles étaient et dessus étaient écrits les noms du pays. Une vieille carte fut rassemblée quand j'étais dans le Soudan, et si j'avais su votre désir, que le nom donné par nous au Lac fût inséré, il l'aurait été comme ceci : Lac Cojé, alias Lac Ibrahim, Lac Long.

La lettre à l'*Herald* était comme suit et datée de

Massowa, 9 décembre 1879.

Au Rédacteur,

Ceux que les découvertes géographiques intéressent, se rappelleront qu'en 1874, le colonel Long, de l'état-major égyptien, descendit le Nil Victoria, venant de Niamyongo, où Speke s'était arrêté, à M'rooli, au risque de sa vie pour résoudre la question jusque-là irrésolue, de l'identité de la rivière au-dessus d'Urondogani avec celle au-dessous de M'rooli. Il a aussi découvert un lac, à mi-chemin entre ces deux endroits, qu'il a appelé Lac Ibrahim. Passant par là après lui, je me suis assuré que le nom du lac était Cojé, et j'ai mis ce nom sur la carte. Je crois que vous conviendrez avec moi que, les cartes étant faites pour l'usage des voyageurs, les noms du pays doivent être insérés de préférence à ceux que donnent les explorateurs et qui sont inconnus des guides.

En écrivant ainsi, je n'ai voulu, en aucune façon, enlever au colonel Long le mérite qui lui revient pour sa découverte sur le lac et son voyage périlleux.

Ceux qui voudront étudier les marches successives au moyen desquelles on a bâti la carte, sur le cours du Nil, sauront qu'à Speke est due la découverte d'une portion, à Baker celle d'une autre, et au colonel Long celle de la troisième et du lac dont on a parlé. Les explorateurs des temps futurs, qui changeront les noms donnés par leurs prédécesseurs à des endroits, pour le nom connu dans le pays, ne sauraient être considérés comme détracteurs du mérite de leurs prédécesseurs.

Croyez-moi sincèrement à vous.

C. G. GORDON.

La lettre suivante satisfera, j'en suis sûr la Société Américaine de Géographie dont les membres sont, sans doute, des géographes distingués, dévoués aux recherches géographiques, et qui seront contents d'apprendre qu'un compatriote, a, de cette façon absolue, attaché son nom à la découverte des sources du Nil.

Burlington-Gardens, Londres, 1<sup>er</sup> juillet 1881.

Cher monsieur,

Sir Rutherford Alcock me prie de vous informer qu'il a déposé votre lettre du 19 mai devant le conseil de la société, et ils ont attiré sur le fait l'attention de M. Ravenstein, qui était occupé à composer, pour la société une large carte de l'Afrique équatoriale, dans l'intention de nous donner le mérite de la priorité de la découverte en nommant le lac Ibrahim sur la carte en question.

Votre obéissant serviteur,

H. W. BATES,<br>*Secrétaire assistant.*

Le lac Ibrahim, ainsi nommé par le Khédive d'Egypte en l'honneur de son père, est la demeure du mangeur de lotus. Sur la surface trompeuse du lac, la plante aux larges feuilles croît luxuriante, et les orages incessants ajoutent aux dangers qui assiègent le voyageur imprévoyant. Ce n'est pas tout, l'immense matière végétale se casse lorsqu'elle se dessèche et forme de grands îlots; sur ceux-ci vivent les fabuleux mangeurs de lotus

Sa découverte et celle de ses mangeurs, est un fait tiré du poétique royaume de la fiction. Une légende raconte qu'un étranger qui en mangea oublia son pays et resta pour toujours entre ses confins sacrés — un lotophage — et par nécessité, obligé de manger les boutons de cette fleur de la fable. En Thébaïde, on trouve le lotus gravé sur une colonne élevée à Karnak, avec ces vers :

« Là, s'élève un lotus, dont les fleurs en bouton,
Se peignent, en s'ouvrant des couleurs de Sidon,
Ce lotus dont la pudique fleur,
Ouvre en tremblant son calice bleuâtre
Au dieu du jour dont elle est idolâtre. »

Revenons au colonel Gordon : Dans le mois de janvier, deux officiers anglais, MM. Watson et Chippendale, arrivèrent à Lardo. Ils avaient été envoyés par l'influence du général Stanton, consul général de Sa Majesté Britannique au Caire, qui, prétend Gordon, était très opposé à ma nomination comme son chef d'état-major. Mais en réponse aux protestations de Stanton, Gordon lui dit : « J'aime les américains, je les ai eus avec moi en Chine » (faisant allusion à Ward et Burgevine).

Je regardai l'arrivée de ces deux officiers, très naturellement, comme l'œuvre de Stanton et comme suite de ce qu'il avait dit à Gordon « qu'il aimait mieux être entouré d'anglais que d'américains. » Watson et Chippendale ne restèrent pas longtemps, toutefois ils quittèrent le service quelques mois après, M. Watson le premier, et ils tirèrent de Khartoum l'exorbitant salaire de deux années de service, au grand dégoût du gouverneur de Khartoum qui les paya.

Vers ce temps, M. Marno vint comme botaniste et géologiste pour le compte de la Société Américaine de Géographie. M. Marno et MM. Watson et Chippendale furent bientôt en mauvais termes ; finalement, Marno vint à moi avec une lettre que lui adressait le colonel Gordon ; on lisait : « Je désire que vous quittiez immédiatement mes provinces. » Marno me pria de l'emmener, comme mon hôte au pays Niam-Niam, avec la promesse qu'il ne publierait rien sans mon autorisation.

Dans les courts intervalles de mon séjour au camp, allant ou revenant d'expédition, j'eus l'occasion de remarquer la singulière habitude qu'avait Gordon de se retirer à sa hutte, où il restait quelquefois plusieurs jours de suite, absorbé dans la lecture et la méditation de sa toujours présente Bible et de son livre d'heures. Lorsqu'il se retirait ainsi, il ordonnait qu'on ne le dérangeât pour aucune raison de service, quelle qu'elle fût. Une hache et un drapeau étaient placés à sa porte pour indiquer qu'il était inapprochable. Quand ils étaient ôtés, Gordon reparaissait en grande tenue, fraîchement rasé, et la mauvaise humeur dont il avait souffert était passée pour faire place à la gaieté. Dans de telles occasions, il venait à ma hutte, avec un air presque enfantin et disait : « Venez, Long, mon vieux, faisons un bon déjeuner — un peu de cognac et d'eau de seltz. Cela vous va-t-il? Je ne prenais que rarement le cognac et l'eau de seltz, Gordon et moi buvions généralement le café très noir, avec une bouteille de quinine toujours sur la table, de laquelle nous prenions *ad libitum* au lieu de sucre.

Je me souviens d'une circonstance qui arriva ensuite, pendant la visite de Gordon au Caire. Les officiers américains le visitaient fréquemment. Un jour, il écrivit au général Sherman, de l'armée des Etats-Unis, lui demandant de venir en Égypte à l'aide de ses officiers qu'il pensait être dans l'ennui.

Maintenant, pourquoi, dans n'importe quel cas, a-t-on écrit au général Sherman? c'est ce qui n'est pas clair, à moins, vraiment, que le don des diamants d'Ismaïl-Pacha, le Khédive, prétendus valoir soixante millions de dollars, ne fût, dans l'esprit de Gordon, une raison suffisante pour considérer cet officier comme une sorte d'arbitre pour les officiers américains en Egypte. Quoi qu'il en soit, ce général distingué, a maintenant l'occasion de rendre ces diamants au Khédive qui les lui a donnés, car Ismaïl doit être dans une grande gêne, si nous en jugeons par son refus de payer la note d'un employé qui, il y a quelques jours, le trouvant dans le jardin du palais royal, à Paris, l'assaillit violemment. Quel commentaire sur un homme dont nous avons parlé (dans Les Vérités Nues) comme le régénérateur de l'Égypte ! Mais alors, ceci était avant la crise d'Égypte et avant que le monde pût connaître les méfaits d'Ismaïl, quand l'auteur était soldat enthousiaste dans l'Afrique centrale.

Gordon écrit, en janvier 1875, de Lardo, sur le Nil, près de Gondokoro :

« Un vapeur est arrivé, avec Long, revenant de Khartoum ; très content de le voir ; mais, malheureusement, il a amené des soldats arabes. Pendant deux jours, je n'ai pas osé demander à Long, si les quatre cents soldats pris à Karthoum, étaient arabes ou noirs. A la fin, je le lui ai demandé. Ils sont arabes ! Il a fait de son mieux, mais c'est fâcheux pour moi. »

Gordon avait raison ; ces soldats arabes (fellahs, pas arabes, car on doit se rappeler qu'il n'y a pas de soldats arabes en Égypte : c'est un *misnomer* d'appeler un soldat égyptien, arabe) étaient une mauvaise race, bien pire que ne le pouvait supposer Gordon. Le prince, ministre de la guerre, m'avait donné ces hommes, la plupart renvoyés des prisons du Caire — des exilés — criminels de toutes sortes, depuis l'assassin jusqu'au plus mesquin voleur, avec ceux-ci, et heureusement pour moi, une colonne du galant corps noir soudanais. J'ai fait l'expédition du pays de Niam-Niam, joignant ainsi, depuis le Nil, le point atteint par le docteur Schweinfurth ; établissant des postes militaires et marchands et ouvrant la voie au commerce par l'annexion de vastes provinces, riches en ivoire, que les indigènes échangent avec plaisir contre des perles et des habits de coton.

Le 22 janvier 1875, Gordon m'écrivit ce qui suit :

« Colonel Long,

» Vous traiterez, à Makraka, avec un détachement d'arabes, obtenant de Covo Agha, aux meilleurs termes possibles, le nombre de porteurs.

» En arrivant à Makraka, voyez à ce qu'un

détachement d'hommes soit envoyé à la station la plus éloignée, Fadlallah, et que toutes les armes et munitions de réserve, à chaque station, soient sous la surveillance des soldats réguliers.

» Vous désignerez un commandant de troupes à chaque station; un officier recevra 75 francs d'extra par mois, au maximum, et au minimum 50 francs.

» Si vous croyez utile d'établir une troisième station, faites-le. Vous y laisserez les officiers que vous choisirez pour la commander, soit militaires ou civils, avec 50 francs d'extra par mois.

» Quant à Azib et Ali, ils essaient, vous le savez, de lever trois cents hommes et de les amener ici. Si vous pensez que ce soit possible, vous pouvez m'amener cent hommes de plus d'un autre régiment ; bien entendu si ces naturels ne veulent pas marcher sans un ou plusieurs des habitants de Dongola de leur connaissance, alors envoyez les habitants avec eux. Dans cette mesure, les hommes parlant arabe pourront-être caporaux ou sergents.

» Les commissionnaires que j'ai demandés à Achmet, Mudir de Makraka, doivent apporter des provisions et des munitions que vous ne pourrez prendre. Voyez Azib et Ali.

» Les vingt soldats noirs maintenant à Makraka

doivent revenir avec Ali et Azib auxquels je les ai donnés.

» J'ai exprimé ma manière de voir sur la façon avec laquelle vous devez procéder, en marchant vers Lunguno pour de là communiquer avec Covo-Agha. Le convoi avec les provisions, etc., peut aller à Lunguno.

» C. G. GORDON.

» P. S. — Informez les commandants des troupes régulières que tout en témoignant aux Mudirs et Vakils le respect qui leur est dû, ils sont complètement indépendants de ces officiers, excepté en cas d'attaque, etc. »

J'ai ramené, outre les six cents guerriers niam-niams, qui ont combattu avec moi contre les tribus ennemies, six cents défenses de sangliers, avec de curieux spécimens des races de la campagne. Puis une femme adulte du fabuleux Ticki-Ticki, ou race des pygmées d'Akka, qui est maintenant au Caire, dans le harem de la mère du Khédive, où on la regarde comme le jouet favori à cause de ses tours d'acrobatie.

A mon retour de cette expédition, j'ai trouvé Gordon m'attendant à Regaf. C'est là qu'il me

proposa de diviser les provinces entre nous :
« Prenez » dit-il « depuis le sud de Fatiko — je
prendrai le reste, nous gouvernerons ici. Ces peuples ne devraient appartenir ni aux arabes ni aux
turcs. »

Je ris, et le remerciai : « Mon colonel » dis-je « je
n'ai pas l'ambition de régner parmi les sauvages.
j'en ai bien assez d'eux. » Sur quoi il me dit :
« Eh bien, vous savez, vous et moi ne pouvons
pas vivre ensemble; cela n'est pas possible. Je ne
suis pas méprisable toutefois, voici une lettre pour
le Khédive. Allez au Caire, j'ai demandé que vous
commandiez une expédition de façon à ouvrir
une route équatoriale de l'Océan indien aux lacs.
La route est plus courte que par le Nil, dont vous
direz les difficultés au Khédive. »

Je quittai Gordon le 21 mars 1875, après
l'échange de très aimables adieux, et je me dirigeai
vers le Nord pour retourner au Caire par le Nil,
complétant ainsi mon voyage aller et retour des
sources du Nil à la Méditerranée.

J'ai commandé, depuis, les forces de terre de
cette expédition; Mc Killop-Pacha, un officier anglais distingué, commandait les forces navales.
Nous prîmes possession de la côte du cap Guar-
dafui, à Kismayu, et de la rivière Juba. Quand

mon commandement, comprenant un millier d'hommes de toutes armes, se fut fermement établi sur la rivière Juba, Lord Derby envoya un billet au Khédive demandant le retour de cette expédition. M. Archibald Forbes a dit :

« Des troubles s'élèvent, les intérêts se heurtent, les marchands zanzibars demeurent alarmés pour leur *commerce équatorial* et le campement de l'Aden devient inquiet pour ses provisions de la côte de Somali. Finalement, sur l'insistance du gouvernement britannique, l'expédition dut être abandonnée. »

M. Forbes avait décrit ceci différemment, car les divisions qui s'élevèrent et les intérêts qui se heurtaient, vinrent de ce que j'avais captivé plus de *quatre cents esclaves* qui tombèrent entre mes mains et furent libérés quand la prise forcée de Kismayu fut nécessitée par l'attitude hostile des troupes de Saïd Burgash. Ceci était la division qui choquait les intérêts du docteur Badger, l'anglo-zanzibarite. L'intérêt de l'humaine Angleterre était aussi alarmé à la concurrence possible d'un commerce égyptien avec les tribus de Somali. De là, le billet de Lord Derby.

Dans son livre, Gordon écrit, — 16 novembre 1875 : — de longues communications du Khédive me disaient qu'il avait mis Mc Killop sous mon commandement, et lui avait envoyé trois vaisseaux de guerre à Juba, avec six cents hommes pour l'occuper et me recommandait de mettre Long sous ses ordres. Il ne voulait pas me laisser aller. Belle perspective! Maintenant regardez ici, l'homme s'est laissé aller à toute cette dépense, sous l'impression que je m'attacherais à lui, etc. J'y suis pour cela.

Il ajoute encore :

Sa Grandeur a envoyé Mc Killop et Long à Juba et leur a dit de m'attendre. Ils attendront longtemps, j'espère.

## CHAPITRE VII

## Retour de Gordon dans le Soudan.


En 1879, il n'y avait personne en Egypte, pas
même le contrôleur des finances égyptiennes qui
ne sût que l'administration de Gordon avait
systématiquement ruiné le Soudan. Quand M. Baring désira faire un examen de la cause du déficit
de son gouvernement, que Gordon a avoué dans une
lettre écrite à Rivers Wilson, dans le mois d'octobre, Gordon refusa de permettre aucune intervention du contrôleur anglo-égyptien et accompagna son refus d'une lettre rédigée dans les
termes les plus insultants. Sur ces entrefaites,
M. Baring demanda et obtint le rappel de Gordon.
M. Baring, quand on proposa d'abord à Gordon
de revenir au Soudan, s'y opposa de la manière la
plus formelle. Que devons-nous penser de sa soumission finale? Etait-ce un acte d'obéissance à la

société d'anti-esclavage des missionnaires britanniques et étrangers, par laquelle Gordon était considéré comme la « divine figure du Nord », ou était-ce, comme nous l'avons déjà dit, en poursuivant le plan d'absorption de son gouvernement, qui, pour mieux effectuer son projet, devait faire abandonner le Soudan à l'Égypte, de façon que Gordon avec son premier vassal, le Mahdi, pût devenir le roi des nègres par le prestige du trésor égyptien et posséder alors un empire dont nous avons déjà tracé les limites.

Il est intéressant de parler d'un article adressé par Gordon au *Times* en 1880, où il disait « qu'il avait toujours conseillé l'évacuation du Soudan ». Ceci était évidemment pour préparer l'opinion publique au cri qu'on a poussé avec persistance depuis l'apparition du Mahdi.

Il y a quelques mois, apprenant les victoires du Mahdi, il écrivit : « Le danger consiste maintenant dans l'établissement d'un actif pouvoir mahométan, près de la frontière égyptienne, lequel exercerait une grande influence sur la population égyptienne placée sous le pouvoir de l'Angleterre. Ils diront qu'ils peuvent aussi faire ce que le Mahdi a fait, c'est-à-dire essayer de repousser l'étranger et l'infidèle. Ce danger, d'ailleurs, ne menace pas seulement les anglais en Egypte. Le succès du Mahdi a déjà créé une situation dangereuse dans l'Arabie et la Syrie. A Damas, on a placardé par toute la cité des notices appelant la population à la révolte contre les turcs. Si l'Est du Soudan est entièrement abandonné au Mahdi, la tribu arabe établie le long des deux rives de la mer Rouge se lèvera. La Turquie sera obligée d'intervenir, ne serait-ce que pour se défendre. Si, au contraire, rien n'est fait, il est possible que toute la question orientale soit rouverte par le triomphe du Mahdi. Les fortifications qu'on se proposait d'ériger à Wady-Halfai, pour servir de défense, ne serviront à rien, car ces remparts n'arrêteront pas la contagion.

» L'évacuation du Soudan ne peut-être justifiée au point de vue de la défense du territoire égyptien. »

Quand Gordon arriva au Caire, en route pour le Soudan, il changea encore de langage. Aux délégués du syndicat pour la protection des intérêts commerciaux du Soudan, qui vinrent le trouver, il déclara que l'Angleterre ne pouvait pas prendre sur elle l'occupation du Soudan, et que désormais cela devait être abandonné.

— Abandonné à qui? demanda le comité.

— Qui sait? A Dieu! répliqua Gordon.

— Croyez-vous, dit-il aux délégués, que le Mahdi et les cheikhs autour de lui, puissent constituer un gouvernement sérieux?

« Je sais ce que vous direz et, croyez-moi, je ne puis rien faire. Je ne crois pas que vous me demandiez de reconquérir le Soudan pour le donner à ceux qui l'ont perdu. » (*Sic.*)

« Ecoutez, le Soudan est une belle femme qui s'est donnée à l'Egypte. Maintenant elle demande le divorce. Comment le refuserez-vous? »

M. Forbes a dit qu'on espérait en Angleterre que Gordon étant à la veille d'aller au Congo dans l'intérêt de l'expédition de Sa Majesté le roi des Belges contre l'esclavage, il ne pourrait aller au Soudan et que, « les aspirations » universelles, auraient été allumées par un coup opportun de la perspicacité journaliste. M. Forbes, en référe à l'entrevue publiée dans la *Pall Mall Gazette*, laquelle donne une singulière et pourtant fidèle image de Gordon. *L'universalité de l'aspiration*, comprend le gouvernement de Sa Majesté Britannique. Dans le fait, M. Gladstone a dit que le gouvernement avait, depuis longtemps, le désir de se prévaloir des services du général Gordon et que l'empêchement était l'*aversion* du gouvernement égyptien. Cette aversion du gouvernement égyptien était évidente pour les égyptiens et M. Baring.

M. Gladstone a dit, dans la Chambre des Communes : le général Gordon n'est pas allé pour reconquérir le Soudan, ni persuader à ses chefs, sultans à la tête de leurs troupes, de se soumettre au gouvernement égyptien. Il n'est pas allé pour de tels motifs ; mais dans le double but de faire évacuer la contrée, en expulsant les garnisons égyptiennes et de la reconstituer en rendant à ses sultans le pouvoir de leurs ancêtres, aboli durant la période de l'occupation égyptienne. Nous sommes opposés, je puis dire que nous sommes résolus, à ne rien faire qui puisse empêcher ce plan de pacification, le seul qui promette une solution satisfaisante des difficultés soudanaises, puisqu'il délivre le pays de la garnison et le constitue sur les vieilles bases des privilèges locaux.

Il est intéressant d'insister sur la délicatesse et les bons sentiments qu'on prétend avoir pour ces *sultans* auxquels on doit restituer les pouvoirs de *leurs ancêtres.*

Il y a peu de temps encore on en parlait en Angleterre, sous le nom de gardes noires,[1] vau-

1. *Blackguards.*

riens, voleurs et coupe-gorge, et j'ai toujours cru qu'ils méritaient réellement ces épithètes.

Maintenant, l'intelligent lecteur s'est-il demandé pourquoi, avec un officier capable et distingué de l'armée anglo-égyptienne déjà à Khartoum, le général Gordon est envoyé pour l'évacuation de ces provinces à un moment où cette évacuation était parfaitement facile puisque le Mahdi n'était pas au delà de cinq cents milles de ses garnisons, et que la retraite était toujours praticable par la rivière. On s'est assuré que le gouverneur Halifa-Pacha avait loyalement tenu les tribus du désert en respect, et ne s'était rendu qu'après avoir héroïquement défendu Berber.

Le matin du 18 février de cette année, Gordon est entré dans Khartoum. La presse anglaise le représente reçu et acclamé comme un sultan, un père et un sauveur. Il alla au palais, là sur les rayons, il trouva le grand livre du gouvernement sur les pages duquel était un long rapport des dettes qui pesaient sur le peuple, taxé au-dessus de ses moyens; aux murs pendaient les fouets recourbés et les verges de bastonnade, instruments de torture et de tyrannie.

Il a fait faire un grand feu devant le palais et y a jeté pêle-mêle tous ces terribles témoins des torts du *Soudanieh*. Il lui restait encore à « couper la queue du chien » il rédigea une proclamation rétablissant le commerce des esclaves.

## PROCLAMATION

### I

**A tous les notables du Soudan.**

Par suite d'un accord entre la Grande-Bretagne et le Khédive, j'ai été nommé *Vali* du Soudan. En conséquence, ce pays est et demeure indépendant et *autonome* et j'ai donné des ordres dans ce sens à tous les mudirs et employés du gouvernement. Je suis décidé à vous rendre le bonheur et la prospérité dont vous jouissiez autrefois, sous Sa Grandeur Saïd-Pacha. Sachez aussi que Sa Majesté le sultan, Emir des croyants et Calife de Dieu, a l'intention d'envoyer, pour rétablir l'ordre, un puissant corps d'armée composé de soldats turcs renommés pour leur courage et leur valeur. Mais j'ai conservé des quatre années passées dans le Soudan comme gouverneur général une grande affection pour vous. J'ai eu pitié de votre situation et j'ai contribué de toutes mes forces à

empêcher l'envoi de ces troupes turques. Je suis
venu moi-même, espérant arrêter l'effusion du
sang, qui est contraire à la volonté de Dieu, de
son prophète et de ses saints. Entendez ceci : Pour
votre bien, et pour obvier à toute plainte, j'ai
formé un conseil composé de moulouks (petits
rois) du Soudan et ce sont eux qui gouverneront
désormais ce conseil, qui s'assemblera deux fois
par semaine, et plus souvent si c'est nécessaire.

Je vous abandonne toutes les taxes et tous les
impôts non payés jusqu'à la fin de 1883, et aussi la
moitié de ce que vous devez payer maintenant. Ce
que je veux faire par la présente, est de vous montrer
mon désir de vous rendre votre bonheur et votre
prospérité et d'établir, parmi vous, cette justice
qui constitue le progrès d'un pays.

Croyez ce que je vous dis, car c'est la vérité, j'en
prends Dieu à témoin.

*Signé :* GORDON-PACHA,
Vali du Soudan.


II

**Au peuple du Soudan.**

Mon très grand désir est de vous donner la paix
et la tranquilité. Je sais que le mal que vous a

causé l'opposition au trafic des esclaves a été très grand. Aujourd'hui je désire que vous recommenciez en toute liberté le trafic des esclaves, et j'ai donné des ordres pour que le crieur public fasse connaître à tous cette décision, de façon que chacun puisse disposer de ses domestiques comme il le jugera convenable et que personne désormais n'intervienne dans le commerce.

*Signé :* GORDON-PACHA,
Vali du Soudan.

A vous tous, Salaam ! si le sphinx avait sauté de son éternel piédestal, la surprise du monde, de l'Egypte même, n'aurait pas pu être plus grande. — En Europe le millénaire inattendu est tombé sur le public comme une douche glacée, quand on a demandé à la civilisation de se soumettre au barbarisme. Gordon entre tous les hommes, est le Moïse de la race noire ! Lui qui, l'autre jour, était prêt à donner sa vie pour celle de ce pauvre peuple, il vient, maintenant, au lieu de panser ses blessures, river de nouveau ses chaînes !

Ombres de Wilberforce !

Le *Times*, cependant, essaie de pallier l'acte et dit : « Chaque homme compétent en pareille matière sait que l'esclavage domestique a existé dans l'Est depuis les jours d'Abraham ; c'est quelque chose de très différent de l'esclavage des nègres enlevés sur les plantations du Sud. » Mais pourquoi discuter le sujet ! En vérité c'est l'épilogue du commencement du gouvernement de Gordon, il y a dix ans, et c'est la conséquence logique du système de désorganisation qui a été le but commun de Gordon et du gouvernement britannique. Il nous reste à nous écrier :

*O cruautés de la raison d'Etat !*

# CHAPITRE VIII

## Le mameluk et le fellah.

L'Egypte était sous la bannière des mameluks, au commencement du siècle actuel, elle a tout l'air, vers sa fin, de bivouaquer dans la tente du Mahdi.

Jetons un regard rétrospectif sur la période qui a précédé la venue des français en Egypte. Cela nous permettra de comprendre la chaîne d'événements qui ont amené l'Egypte à ce malheureux moment, et en même temps de montrer que, malgré le départ du mameluk, son ombre plane encore sur la contrée.

Le règne des mameluks a été, pendant deux cent soixante-sept ans, une longue série de luttes mortelles, de crimes, de révolutions de palais ; quarante-sept princes se sont assis sur l'ancien trône des Pharaons et une mort violente a terminé leur carrière à tous. En 1517, les turcs succédaient aux mameluks d'Egypte.

Les mémoires de Napoléon résument ainsi leur domination :

Selim Ier laissa quarante mille hommes pour garder sa conquête et les divisa en sept milices, dont six composées d'ottomans, la septième des mameluks qui avaient survécu à leur défaite. Il confia le gouvernement à un pacha, vingt-quatre beys, un corps d'effendis et à deux divans. De ces vingt-quatre beys, l'un était kiaya, ou lieutenant des gardes du pacha.

Les corps des mameluks, composé des plus beaux et des plus braves, devint le plus nombreux. Les six premiers corps s'affaiblirent, s'évanouirent, et, en peu de temps, ne comptèrent pas plus de sept mille hommes, tandis que les mameluks seuls en comptaient plus de six mille.

En 1646, la révolution était complète. Le reste des turcs fut renvoyé et les mameluks eurent le premier rang. Leur chef prit le titre de *Cheikh el Bélad* (chef du pays). Le pachalat n'eut plus aucune considération.

En 1767, le *Cheikh el Bélad* se déclara indépendant, frappa des monnaies et prit possession de la Mecque; il fit la guerre à la Syrie et s'allia aux russes.

A ce moment, tous les beys étaient mameluks. En 1798, chacun des vingt-quatre beys avait son clan et des partisans plus ou moins nombreux. Le moindre d'entre eux avait deux cents mameluks. Mourad-Bey en avait douze cents. Ces vingt-quatre beys formaient ensemble une sorte de république, soumise au plus influent, ils divisaient entre eux le pays et les villes.

Les mameluks étaient nés chrétiens. Ils furent achetés, dès l'âge de sept ou huit ans, en Géorgie, Mingrélie et au Caucase, amenés au Caire par des marchands de Constantinople et vendus aux beys. Ils étaient blancs et beaux hommes. Des plus basses places de la maison, ils s'élevèrent progressivement et devinrent des moulteziens de village, des chefs-*kia* ou gouverneurs de provinces et finalement des beys. Leur race ne se propagea pas en Egypte; ils se marièrent ordinairement à des étrangères ou des circassiennes. Ils n'ont pas eu d'enfants, ou s'ils en ont eu, ils sont morts avant de parvenir à l'âge mûr. Les enfants de leurs mariages avec des indigènes grandirent jusqu'à un âge plus avancé, mais la race se perpétua rarement au delà de la troisième génération; et pour cette raison, ils furent obligés, pour se recruter, d'acheter des enfants au Caucase. On estime qu'en 1798 les mameluks étaient au nombre de cinquante mille, hommes et enfants compris. Ils comptaient douze mille hommes.

Le 21 juillet 1798, Bonaparte, dans la fameuse bataille au delà des Pyramides, détruisit sept mille hommes de ce grand et magnifique corps de cavalerie, avec lequel, joint aux soldats français, il se vantait de pouvoir faire le tour du monde.

Le 1ᵉʳ mars 1811, Méhémet-Ali extermina le dernier des mameluks à la fête qui finit par un massacre dans la cour de la citadelle.

Le traité de 1841, suivant la bataille de Nezib et la défaite des turcs par son fils Ibrahim, assura à Méhémet-Ali la possession héréditaire de l'Egypte avec le titre de vice-roi.

Méhémet-Ali mourut en 1849, et Ibrahim lui succéda. Il mourut quatre mois après et donna la place à Abbas.

En 1854, vint Mohammed-Saïd-Pacha, surnommé « le Bon ». Ce fut lui qui donna à M. Ferdinand de Lesseps la concession du *canal maritime* de Suez.

A sa mort, en 1863, la dette publique d'Egypte n'était que de 75 millions de francs.

Ismaïl-Pacha, fils d'Ibrahim, lui succéda. Treize ans après, quand, sous l'influence politique de l'Angleterre et de la France, Ismaïl fut forcé de rendre compte de la situation financière qu'il avait créée et d'accepter le contrôle anglo-français, la dette publique avait atteint la somme énorme de 2,629 609,500 francs et représentait une dépense de 164,350,000 francs par an en plus du revenu annuel du pays.

Comment un tel déficit avait-il pu se créer en treize ans? Où avaient passé ces millions? Quelques travaux publics avaient été entrepris, de façon à jouer le progrès et la civilisation, et plusieurs palais de carton avaient été construits. Il est vrai qu'il perça des boulevards dans toutes les directions du quartier français au Caire, et *Haussmannisa* la cité déjà fort belle. Mais le poids de cette dépense retomba sur le propriétaire, pour la plus grande part ; le ruinant même, si sa propriété se trouvait sur le tracé proposé ; et Ismaïl, sous prétexte de nécessité publique, confisqua souvent les biens pour son usage personnel.

La plus grande partie de cette dette, cependant, avait été accumulée par les missions confiées à Nubar-Pacha, avec des crédits illimités, pour obtenir de la Sublime-Porte des firmans illusoires afin de s'assurer l'adhésion de la diplomatie européenne à ses projets de réformes judiciaires, et l'assignation de sommes exorbitantes aux princes de sa famille. Ajoutez à cela des prêts usuraires contractés, enrichissant même le banquier, le ministre et leurs associés, la création des fortunes scandaleuses aux dépens du Trésor public en faveur d'adhérents mal assortis, et notamment vénaux, que Daudet a admirablement dépeints dans le « Nabab »; la confiscation des terres des fellahs, et leur absorption dans sa colossale fortune privée. Telles sont quelques-unes des causes qui ont contribué directement à la ruine de l'Egypte.

Gordon dit dans son livre : « Nubar a une fois qualifié ainsi le Khédive : « C'est un homme sans » principes , mais capable d'impulsions chevale- » resques, et qui ferait le bien s'il avait un meilleur » *entourage*. »

Nubar est un arménien, pour la dixième fois ministre des affaires étrangères en Egypte. Il a été l'allié fidèle des intérêts britanniques en Egypte, quoiqu'il ait voté pour devenir sujet de l'empire d'Allemagne.

Nubar n'a jamais été plus en Egypte qu'un arménien de naissance comparativement basse, qui a été assez habile pour discuter avec les consuls généraux, et qui, comme ministre des affaires étrangères et dans le conseil privé, était parfaitement au courant des emprunts et du Mouffetish.

En Angleterre, on se demande comment tel ou tel devient riche au service du gouvernement. La même question peut être posée dans ce cas.

Quand Ismaïl-Pacha monta sur le trône d'Egypte en 1863, sa fortune était insignifiante. Quand il le quitta, il était devenu le propriétaire d'immenses domaines.

Les commissaires de la Dette étaient à peine entrés dans le contrôle des finances, quand ils découvrirent qu'on détournait les grosses sommes du revenu du Trésor public — même en face du nouvel ordre des choses. — Le ministre des finances avoua qu'il les avait *employées aux besoins urgents du Khédive.* — Le 4 novembre 1876, M. Vivian, consul général d'Angleterre, découvrit un déficit de 100 millions de francs.

Le Khédive, alarmé qu'un examen plus minutieux ne fût fait, et craignant aussi un scandale inévitable, résolut, comme M. Vivian le dit dans ses dépêches, *de finir par un de ces dramatiques incidents qu'on ne voit que dans l'histoire et dans la vie orientales.* Quelques jours après les protestations des commissaires de la Caisse, il arrêta son ministre des finances, Ismaïl-Pacha, le Mouffetish.

Cet homme était le frère de lait du Khédive.

Ismaïl. De simple fellah (paysan), il s'éleva en quelques années et devint possesseur d'une fortune colossale en argent et en terres et d'un harem composé de houris de la Circassie et de la Géorgie; tout ceci était connu, pour avoir, depuis longtemps, éveillé l'envie et la cupidité du Khédive. Il lui fallait se remettre sur pieds par un coup hardi, car il glissait, et, avec les coffres bien remplis du Mouffetish, sauver son trône menacé.

Le jour qui suivit cette arrestation, le 15 novembre 1876, pour renseigner le bon public du Caire, on vit paraître l'annonce suivante :

« L'ex-ministre des finances, Ismaïl-Sadyk-Pacha, a essayé d'organiser un complot contre Sa Grandeur le Khédive, en excitant les sentiments religieux de la population du pays contre le projet proposé par MM. Goschen et Joubert. Il a aussi accusé le Khédive de vendre l'Egypte aux chrétiens et pris l'attitude de défenseur de la religion du pays. Ces faits, révélés par les inspecteurs généraux des provinces et par les rapports de la police, ont été confirmés par les passages d'une lettre adressée au Khédive lui-même par Sadyk-Pacha, en donnant sa démission. En présence d'actes d'une telle gravité, Sa Grandeur le Khédive a voulu faire juger le fait par son conseil privé qui condamna Ismaïl Sadyk à l'exil et à l'emprisonnement à Dongola. »

Le même journal annonça officiellement sa mort quelques jours après, comme étant survenue le 4 décembre.

Mais dans les cercles officiels au Caire, aux consulats et ailleurs, on savait Ismaïl mort depuis le 10 novembre *cinq jours avant* sa condamnation à l'exil. Mustapha-Pacha, alors gouverneur du Caire, maintenant ministre et collègue de Nubar, lui administra une tasse de café *officielle* sous forme de cognac, ce qui avait été la boisson favorite du *fellah* ministre des finances. On a dit : « Les morts ne mentent plus. » Il fallait une bête noire sur laquelle on pût rejeter le poids, l'odieux de la corruption financière et de la banqueroute qui avaient marqué les événements de la dernière année.

Le doigt de la suspicion avait, des années auparavant, désigné Ismaïl comme ayant arrangé un petit accident de chemin de fer à Kaffir-Azzayat, dans l'intention d'abréger sa route à la succession de Saïd par la mort d'Achmed et d'Halim. La compagnie princière revenait d'Alexandrie au Caire. Saïd-Pacha, alors vice-roi, avait donné une grande fête dans cette dernière cité. Le prince Ismaïl devait être là, mais il allégua une maladie pour en être absent. Comme le train portant sa royale charge venait en grondant vers la rivière, le mécanicien vit trop tard le vide creusé devant lui, et le Nil profond qui mugissait dessous. Le train tomba dans la rivière, un wagon sur l'autre, avec un craquement terrible. Halim-Pacha, habile dans les efforts athlétiques, et conservant sa présence d'esprit, se laissa glisser de voiture dans la rivière et nagea jusqu'à la rive. Achmed, ayant beaucoup d'embonpoint, ne put pas le suivre et disparut. L'assassinat de Muffetish rappela et confirma en apparence les soupçons qui accusaient Ismaïl de vouloir la mort d'Achmet.

Peu importe qu'Ismaïl ait réalisé ce qu'il attendait de la confiscation des biens du ministre. La rumeur publique l'assure.

La condition financière de l'Égypte était demeurée extrêmement périlleuse, quand la commission d'information fut faite sous le contrôle dirigeant de l'Angleterre et de la France, mais auxquelles étaient maintenant jointes l'Autriche et l'Italie. M. Wilson, dans son rapport au Khédive, le 19 août 1878, dit que les premières réformes à réaliser seraient d'entourer de garanties l'exercice du contrôle absolu et de lui assurer certaines limites.

Que le Khédive, en faisant mauvais usage de son autorité absolue, ayant été la cause de cette déplorable situation de l'Égypte, doit, en conséquence, en être rendu personnellement responsable, et à cette fin céder à l'État, de façon à combler le déficit :

1° Tous les biens de Daïras Sanieh et Kassa.

2° Toute la propriété de la famille khédivale. Ismaïl s'étant approprié 505,000 acres, et en ayant distribué 425,729 entre les princes de sa famille.

Le principe de l'*État c'est moi* paraît avoir été usité chez Ismaïl.

A partir du moment de ce dégagement forcé, Ismaïl ne perdit aucune occasion de susciter des troubles au ministère Wilson-Nubar. Il haïssait Nubar et le craignait en même temps. L'ambition de Nubar, alors comme à présent, était sans bornes, et il espérait être appelé à remplacer son maître.

L'ironie de la situation était complète quand, le 19 février 1879, un groupe d'officiers et de soldats assaillirent Wilson et Nubar, tirèrent leur barbe et donnèrent des coups de pied à Nubar d'une façon fort irrévérencieuse.

Ces officiers et soldats avaient été, pour la plupart, sans paye durant une période de trente mois, et, sous prétexte de *réforme*, Rivers Wilson et Nubar les avaient menacés de licenciement et sans paye; en même temps que cette décharge était consommée, ils donnaient des places à une armée d'*employés* anglais, dont les énormes salaires étaient un scandale pour la cité.

Le groupe entoura le ministre des finances. Ils criaient : Donnez-nous des *flous* (de l'argent)? Le Khédive, accompagné des consuls généraux et escorté par un bataillon de la *garde*, apparut sur la scène. Il monta les escaliers du ministère et, du balcon, harangua la populace furieuse. Il leur promit prompte satisfaction, puis leur ordonna de se disperser. Ils ne prirent pas garde à l'admonestation; Ismaïl-Pacha descendit, fut saisi par ses habits et il aurait été violemment mis à mort sans l'intervention d'Abd-el-Kader, qui ordonna au bataillon de charger à la baïonnette. Les officiers tirèrent leur sabre. Le Khédive ordonna aux troupes de tirer, et elles déchargèrent leurs fusils en l'air. Au Caire, on affirma ouvertement qu'Ismaïl avait inventé toute l'affaire pour se débarrasser du ministère Nubar. S'il en est ainsi, c'est une preuve du danger qu'il y a à jouer avec le feu, comme Ismaïl l'apprit bientôt à ses dépens.

Ceci fut le germe du parti pseudo-national, dont

Ismaïl se vantait d'être le chef, et comme tel, il jugeait un devoir sacré de donner cours à ses aspirations légitimes. Ce fut grâce à ce pouvoir qu'il put se soutenir contre les pouvoirs dont il avait évoqué l'active hostilité. « L'Egypte pour les Égyptiens. »

A la suite de cette démonstration militaire, Nubar se retira. Un nouveau ministère se forma sous la présidence du prince Tewfik, avec MM. Wilson et de Blignières, mais dura un mois seulement. Ils cédèrent la place à un ministère appelé *national*, sous la présidence de Chérif-Pacha. Chérif entreprit de présenter un projet établissant la dette publique, qui fut promulgué par un décret vice-royal, daté du 22 avril. Ce fut considéré comme une « violation ouverte et directe des droits acquis » par les gouvernements d'Angleterre et de France, qui refusèrent de reconnaître le décret et qui prétendirent que les actes qui avaient marqué l'administration personnelle du Khèdive étaient « incohérents, mal inspirés et inefficaces ». On ne pouvait pas lui permettre de gouverner plus longtemps l'Égypte.

A ceci fut ajouté, à la surprise de tous, la protestation du consul général allemand.

Ce fut le coup de grâce pour Ismaïl. On lui dit que cette action était une vengeance de Bismarck, qui désirait punir de cette manière une remarque insultante que le Khédive avait faite sur le consul général allemand. Le mauvais caractère d'Ismaïl fut cause qu'il perdit son trône.

Le 26 juin arriva le firman de déposition, et la même nuit, le canon de la citadelle annonça l'accession au trône de Méhémet-Tewfik.

Le rideau tombe sur Ismaïl — dont le règne peut être comparé à celui des mameluks dans son résultat — pour se lever sur l'insurrection d'Arabi.

# CHAPITRE IX

## L'armée égyptienne.

Pendant une période de soixante-dix ans, la France s'est employée à l'éducation militaire des *fellahs* avec les résultats déplorables que nous avons vus dans la campagne de 1882, quand le patriotisme et la religion eussent dû suppléer à ce qui leur manque, et que doit avoir tout soldat — le courage !

Les fellahs ne sont pas braves, mais ils sont de patients cultivateurs et des puiseurs d'eau. Ces *adscripti glebæ*, sont en effet, bien qu'on ne les regarde pas comme tels, les esclaves qui, sous le fouet du maître, ont été la mine inépuisable d'où les Pharaons et les Mameluks ont tiré leurs richesses. Le fellah n'est ni arabe, ni égyptien ; il est indescriptible : c'est un étrange mélange de la classe nègre et servile, du vainqueur ou du vaincu, qui se le sont passé de mains en mains, de siècle en siècle, de Mènes à Mohammed. Attaché à la glèbe, il a toujours été traité comme un esclave. Pour lui, le patriotisme est un mot sans signification, et seulement sa religion ou son fanatisme, qu'il possède à un haut degré, sont capables de le pousser à tous les actes de violence.

Ceci n'était pas un élément pour former une armée ; mais c'était ce qu'on pouvait avoir de mieux.

Le bédouin arabe, dédaigneux de se soumettre à l'autorité du gouvernement, vit dans son désert natal, libre et sans entraves. Il y avait, il est vrai, un autre élément d'où on aurait pu tirer une magnifique armée, — le guerrier niam-niam, — et c'était à cause de cela qu'en 1875, j'avais recruté six cents de ces hommes et les avais incorporés dans le corps soudanien, sous Gordon.

Commandés par des hommes blancs, cela aurait fait une armée qui aurait défendu Tel-el-Kébir et échangé cette promenade anglaise contre les fellahs en une sérieuse et difficile campagne.

Parmi les ingénieurs distingués et les docteurs de toutes professions que Méhémet-Ali invita à venir en Égypte, pour l'aider dans ses travaux de construction, était le colonel Sèves, qui, après Waterloo, plutôt que de servir les Bourbons, accepta l'invitation de Méhémet-Ali, qui lui confia le devoir de créer une armée égyptienne. Dans quelques années, Sèves avait établi tous les engins nécessaires à ce but : Fonderies de canons, moulins à poudre, arsenaux et une école militaire à Abbasieh, sous la présidence du distingué Larmée Pacha, le dernier de la mission française, qui jusqu'à 1882 a tant fait pour perpétuer ce que les lieutenants de Bonaparte avaient établi. Le fellah est extrêmement fanatique; sa haine du chrétien et du franc, est presque incroyable. Ce sentiment n'a pas diminué, bien qu'on pût le supposer après le long contact et l'instruction donnée par les européens. C'était aussi prononcé durant les années de mon service qu'aux jours du colonel Sèves. Je me rappelle que je me suis plaint au ministre de la guerre, car il est inutile de se plaindre à un intermédiaire, de l'insolence des soldats d'un poste militaire, devant lequel j'étais obligé de passer. La sentinelle, et même l'officier qui commandait, riaient d'un air de dérision et affectaient de s'asseoir quand ils auraient dû saluer. Ceci était vrai de presque tous les postes et arrivait fréquemment aux autres officiers, notamment au général Mott, qui eut toute une scène avec le ministre de la guerre, auquel il avait redit l'insolence des sentinelles.

On a dit du général Sèves, qu'exaspéré un jour, par l'attitude insolente des troupes qui refusèrent de bouger à son commandement, il tourna bride, galopa jusqu'au palais, où il offrit son épée à Méhémet-Ali. La position était critique, et le pacha le savait. On disait que Sèves était chrétien et que Méhémet voyait d'un mauvais œil un musulman commandé par un infidèle.

Méhémet-Ali, monta à cheval et précédé d'une batterie d'artillerie, dit :

« Venez avec moi, Sèves, nous allons voir cela. » La batterie, le pacha et le colonel arrivèrent devant les troupes, Méhémet-Ali resta immobile et commanda « feu ! » La première décharge tua dix hommes. « Formez les rangs! » commanda-t-il, et une autre décharge recommença l'exécution, et encore jusqu'à ce que six décharges successives eussent été faites avec le même effet. Méhémet-Ali leur ordonna alors de retourner à leurs *casernes*.

Le nuit venue, il expliqua à Sèves, terrifié, que bien que justice eût été faite, il était nécessaire de faire disparaître leur objection religieuse et qu'en conséquence il devait changer sa religion. Sèves abjura sa foi et le matin suivant il s'appelait *Soliman-Pacha*.

A partir de ce jour, son nom est devenu une légende dans l'Est, et les soldats égyptiens sous « Ibrahim » à Nezib — composés en grande partie d'albanais — furent appelés les «tigres de Soliman. »

Mais il y a loin de Méhémet-Ali à Ismaïl.

En 1869, la mission française fut rappelée en France, à l'exception de Minié et de Larmée-Pacha, et différents autres officiers moins distingués.

Celle qui lui succéda au commencement de 1870, connue sous le nom de *Mission Américaine*, n'était pas du tout une mission, mais un simple engagement individuel et séparé pour entrer au service du Khédive. La mission était malheureusement *ab initio*.

La représentation consulaire était alors, et jusqu'à Arabi, notoirement mauvaise à l'exception du bref service de M. Beardsley et plus tard de M. Wolf, qui n'eut ni la dignité, ni l'influence nécessaires pour protéger les officiers contre les intrigues de cour, les rivalités et jalousies des autres nations. C'était dû à un accident plutôt qu'à une autre cause, d'abord à la demande du consul général allemand, puis des anglais, que nous n'ayons pas été congédiés du service en 1872. Dans cet état de choses, la mission n'eut qu'une faible existence et mourut d'inanition.

Parmi les nombreux officiers très distingués qui entrèrent au service, quelques-uns — très galants hommes — ont laissé leurs os blanchir sur les sables de la Basse-Egypte et dans le Soudan. Il y en a un, vivant maintenant dans cette cité que je puis mentionner d'une façon spéciale à cause de la longue intimité et de l'affection qui nous unit. Il fut en réalité le seul officier auquel le fanatique fellah permit jamais d'avoir un commandement en Egypte, à l'exception du colonel Jenifer, qui avait un commandement de cavalerie, mais dont il fut relevé à cause de la jalousie et de l'animosité qu'il inspirait. J'en appelle au général, W. W. Loring, qui vient de publier un intéressant récit de ses services en Egypte sous le titre « Un soldat confédéré en Egypte. » Il a commandé le département d'Alexandrie de 1870 à 1876 y compris la défense des côtes depuis Alexandrie, Aboukir à Rosetta — commandement séparé, relevant directement du Khédive, et connu sous le nom de « Corps de Loring. » Le général Loring accepta le poste de chef d'état-major à Ratib-Pacha dans la campagne abyssinienne, ayant avec lui une suite d'officiers distingués.

Il quitta l'Egypte en 1879 avec beaucoup d'éclat et un nom qui, tout à la fois dans les cercles civils et militaires, fait honneur non seulement à ce brave et galant soldat, mais fait aussi l'orgueil de ceux qui ont servi avec lui.

Le général Loring a raconté une amusante anecdote à propos du général en chef Ratib-Pacha. C'était dans la première année de mon service en Egypte. On m'ordonna d'aller sous ses ordres comme chef d'état-major. Chef d'état-major du général en chef Wallah ! Quel honneur ! Le major Morgan, un galant officier américain récemment arrivé partagea cet honneur avec moi. Nous fûmes vite habillés dans le brillant uniforme de ce jour. Nous éblouissions le regard avec les broderies d'or sur toutes les coutures. Nos camarades vinrent nous regarder avec un étonnement mal déguisé. Nous partîmes pour le quartier général, où jusqu'à ce moment nous n'étions jamais allés, au milieu de leurs félicitations amicales. Nous étions presque suffoqués d'enthousiasme. Nos jeunes coursiers arabes, peu habitués à la vue des soldats et à l'apparence menaçante des troupes, nous donnèrent à tous deux — quoique Morgan fut le *nec plus ultra* des cavaliers — pas mal de peine à les maintenir. Finalement, nous arrivâmes au quartier général non sans maintes grimaces des sentinelles. Le général en chef nous reçut avec une froideur difficile à expliquer. Il tourna et retourna nos nominations avec un embarras évident, quoiqu'elles fussent scellées du sceau d'Ismaïl lui-même. Alors, je m'aventurai à lui demander si c'était au généralissime que j'avais l'honneur de m'adresser. Après une longue pause, il répondit : « Je suis, il est vrai, général en chef, mais je n'ai pas de quartier général, ni même encore d'état-major. Si j'ai besoin de vous plus tard, messieurs, je vous écrirai. » Nous retournâmes à nos quartiers avec la tête moins haute et craignant de voir les railleries de nos camarades succéder à leurs félicitations. Inutile d'ajouter que nous ne reçûmes jamais la lettre promise, mais j'ai souvent rencontré le général au théâtre où il a toujours été très aimable.

# CHAPITRE X

## Arabi.

Ismaïl-Pacha avait envenimé les causes de dissensions dans la création du « Parti national. » Tewfik, en succédant à son père, devait en récolter le fruit. Il fut impuissant à contenir le courant de jalousie et d'intrigues qui encouragèrent le parti national et lui donnèrent une vie nouvelle.

Le *fellah,* cependant, n'avait que peu, ou pas d'intérêt, dans ce mouvement local confiné presqu'entièrement au Caire. Le *condominium* de la France et de l'Angleterre lui avaient assuré :

1° La suppression des taxes vexatoires et onéreuses et le percepteur lui-même était placé dans une organisation centrale d'inspection.

2° L'abolition de la *corvée* ou du labeur forcé.

3° L'adoption de termes fixes et équitables pour le service militaire, pour remplacer le service per-

pétuel, auquel, jusqu'à présent, il avait été condamné et dont il ne pouvait s'exempter que par un
excessif *backchich*. Pour la première fois, dans sa
misérable existence, il était homme libre. Accablé
de taxes, sous les lanières des *courbatch* (fouets
recourbés), il avait passé de siècle en siècle, de
mains en mains, d'un maître à un autre non moins
exigeant jusqu'à devenir ce qu'il était avant le
*condominium*, un simple troupeau attaché à la
glèbe.

Le cri « de l'Egypte aux Egyptiens » était pour
lui un piège et une illusion, et si le « parti national » avait réussi à placer l'Egypte sous le contrôle
suprême des égyptiens, c'est une grande question
de savoir si la condition des fellahs aurait été amé-
liorée. Les beys *fellahs* plébéiens jouaient simplement les mameluks. Ils visaient à la création d'un
vaste pouvoir militaire sous le nom de Méhémet,
qui devait de nouveau fonder un *panislamisme*
que les prophètes annonçaient devoir posséder le
pouvoir universel à la fin du siècle.

L'insurrection d'Arabi a eu deux phases bien
définies — la première patriotique, la seconde
prophétique. La défense burlesque de Tel-el-Kebir
était une preuve qu'Arabi et ses partisans étaient
de bien piètres patriotes et les odieux massacres

d'Alexandrie et Tantah, que c'était un prophète bien impolitique et bien mauvais.

M. Gladstone dit vers ce temps. C'est un état de violence militaire aggravé par des crimes cruels et commis de gaieté de cœur. La liberté ne pouvait pas grandir au sein de telles associations. Il ajoutait qu'il y avait eu des moments où l'on avait charitablement cru en Angleterre que le parti militaire était le parti du peuple. Il n'y a pas, dit-il, la plus petite preuve évidente pour appuyer cette opinion.

Une teinte de nationalisme avait été donnée au mouvement que le baron de Ring, consul général de France qui, suivant les sympathies de ses électeurs et des colonies grecques et italiennes au Caire, donna une certaine adhésion à ceci : « l'Egypte aux Egyptiens ». On doit admettre, non que les français crussent possible une « Egypte pour les Egyptiens », mais s'opposassent en commun avec l'élément du pays à la *réforme* des anglais qui signifiait leur décharge de l'administration. Ceci n'était pas tout. On croyait fermement au Caire, qu'Arabi était en réalité l'agent payé par Ismaïl, ou, plus probablement encore par Halim, et Arabi était ainsi regardé comme une sorte d'*interregnum*. Arabi flatté de l'attention du baron de

Ring, alla un jour au Consulat français, et, jetant son sabre aux pieds du consul général, s'écria : « Nous avons foi dans la France. Commandez et nous obéirons. »

M. de Blignières était alors contrôleur général français et la rumeur prétend qu'il était complètement sous l'influence de M. Malet, le consul général anglais. Entre ce dernier toutefois, et le consul général français, il y avait conflit perpétuel, — une maison élevée contre elle-même. A cette malheureuse rivalité peut être rapportée une partie des maux qui suivirent. Il est hors de doute que le baron de Ring aurait pu maintenir le mouvement d'Arabi dans ses limites *patriotiques* et l'empêcher de devenir l'agent aveugle du parti religieux. L'anglophilisme de M. de Blignières était bien connu au Caire. Revoyons brièvement quelques-unes des scènes et leurs acteurs dans ce qui paraissait être une comédie, mais qui devait finir par une horrible tragédie.

Qui était Arabi ?[1] Ce n'est pas facile d'établir positivement ni l'âge, ni la naissance de ce fellah. Ce n'est pas nécessaire non plus. Il n'est pas probable qu'on lui élève un monument dans la pro-

1. Voir note à la fin du volume.

vince de Charkieh, dans la Basse-Egypte où, né de parents *fellahs*, il vit le jour il y a environ cinquante ans. Arabi est un grand, gros, fort fellah, de lourde apparence; il porte son fez rejeté en arrière sur la tête, et garde ses yeux fermés quand il ne parle pas, les ouvrant par intervalles avec blancs retournés, ce qui produit une très désagréable impression d'hypocrisie et de fanatisme. Son teint est du jaune sale commun aux fellahs de la Basse-Egypte. Sa tête est un peu pointue, avec une grande bouche et des lèvres épaisses, qui bougent constamment en marmottant des versets du Coran, tandis que ses doigts égrènent sans interruption le chapelet qu'il tient de sa main droite.

Il était dans l'armée, quand Saïd-Pacha occupait le trône. L'un des actes les plus excentriques du plus excentrique des hommes, dont l'attention à son armée était presque une manie, fut que, dans un accès de colère contre Arabi, pour quelque légère irrégularité, il lui fit donner la bastonnade et le renvoya de l'armée.

Arabi dissimula son chagrin en se consacrant aux études fanatiques de l'université religieuse d'El-Azhar.

Quand Ismaïl monta sur le trône, Arabi rentra

dans l'armée et, peu après, épousa la fille
d'une bonne d'El-Hami-Pacha, le fils d'Abbas.
Dans la campagne d'Abyssinie, Arabi, alors lieutenant-colonel, avait la charge de contremaître
d'équipage, où, comme le dit le général Loring, il
ne réussit pas très bien.

C'est après son retour de cette expédition
qu'Arabi fit la connaissance d'Ali-Bey-Rouby qui,
dit-on, était l'agent au Caire, de certain banquier
européen désireux d'une crise pour pouvoir profiter
d'un changement de gouvernement. Ali-Bey, dans
la suite, devint un des conseillers les plus intimes
d'Arabi, il organisa en 1876 une société secrète
parmi les officiers fellahs, et la sympathie de l'élément européen libéral pour Arabi fut amenée par
les relations intimes qui existaient entre ces
officiers et la loge maçonnique au Caire.

C'était en ce temps qu'on aurait pu entendre
Arabi dire aux européens :

Nous sommes tous frères, descendants des
mêmes parents, Adam et Ève; Dieu est l'architecte
de l'Univers. L'homme est le roi de la création. Le
paon de la vanité ne flottera jamais sur ma tête.

Le Khédive Ismaïl l'appelait « l'éloquent babil-
lard » et il le menaça plus d'une fois du Soudan, la
terreur de tous les égyptiens.

Tewfik, en succédant au trône, promut Arabi au rang de colonel. Ceci était considéré comme la limite de son ambition, mais l'ambition de l'homme et sa vanité ne devaient pas être ainsi apaisées.

Le 17 janvier 1881, Arabi et ses colonels s'assemblèrent à Abdin, et là firent un *pronunciamiento* dans lequel les officiers fellahs protestaient contre les préférences et privilèges accordés dans le service aux circassiens, turcs et officiers étrangers. Riaz-Pacha, après remontrance, fit arrêter Arabi, Abdelal et Ali-Fehmy pour les conduire devant un conseil de guerre. Ils furent toutefois immédiatement relâchés par les soldats du régiment d'Ali-Fehmy, qui firent irruption dans la salle du conseil, et ramenèrent en triomphe les trois colonels aux casernes. Le ministre de la guerre, le circassien Osman-Rifki fut obligé de donner sa démission et fut remplacé par Mahmoud-Sami-El-Baroudi.

Vers ce temps, entre le ministre et les représentants étrangers, s'éleva une question de budget. On se rappellera que la Chambre des notables avait été choisie sous la pression des révoltés. Il est inutile d'ajouter que les candidats avaient été choisis par eux d'après leurs sentiments. Sultan-Pacha avait été désigné par le gouverneur comme président de la Chambre. Sultan était bédouin d'o-

rigine et, comme leur grand cheikh, il était l'élément
qui servait jusqu'à un certain point à balancer le
pouvoir. Sans Sultan-Pacha et son secret dédain
pour ces officiers *fellahs*, il y a peu de doute
qu'Arabi, ou plutôt Mahmoud-Sami, eussent dé-
trôné Tewfik et pris les rênes du gouvernement.

Quand le budget eut été distribué aux différents
ministres et notamment qu'on eut attribué l'énorme
somme de quatorze millions de francs au ministère
de la guerre, Mahmoud-Sami réclama le droit de
disposer de cette somme sans se soumettre à la
formalité du contrôle. Les contrôleurs refusèrent et
en référèrent aux pouvoirs dont ils tiennent leur
autorité. La réponse fut l'affirmation de cette
autorité et une recommandation aux colonels de
respecter la tranquillité du pays. En venant au
pouvoir, ils avaient nettement déclaré qu'ils
respecteraient le contrôle financier, reconnais-
sant son efficace désintéressement. Leur amour
du pouvoir cependant, faisait du budget un des
griefs du parti national. Ils disaient : « Comment
se fait-il qu'une Chambre égyptienne n'ait pas le
droit de voter le budget égyptien ? Est-ce que
la Chambre française ne vote pas le budget
français ? »

Mahmoud-Sami, ministre de la guerre, devint

depuis président du conseil des ministres. Il était surnommé en arabe « El Baroudi » (la poudre) parce que son père avait fait clandestinement le commerce de la poudre de l'école militaire d'Abbasieh. Il passa lieutenant de la *garde* et épousa une esclave qu'Ismaïl-Pacha lui donna. Ceci assure toujours une certaine protection et de l'avancement, mais ne donne pas toujours le bonheur domestique. El Baroudi surprit peu après son épouse en flagrant délit avec un domestique et il passe pour avoir coupé la gorge du séducteur Alâti et jeté son corps dans le canal par la fenêtre. Cet acte peut être regardé comme une preuve de son caractère résolu. Mahmoud-Sami a été considéré comme l'âme de l'insurrection et son guide du commencement à la fin. Sous lui, les colonels furent faits généraux, les lieutenant-colonels, colonels ; et ainsi jusqu'au simple soldat, qui, inversement, commandait son sergent ; Arabi, même commandait avec menace de mort le malheureux Tewfik.

Dans le mois de septembre 1881, l'insurrection était devenue chronique. Un autre *pronunciamiento* fut fait à Abdin. Cette fois leurs prétentions furent plus fortes. Arabi demandait qu'on leur donnât une constitution et que l'armée fût élevée à un effectif de huit mille hommes, ajoutant, en réponse au Khédive qui s'était avancé pour leur demander ce qu'ils voulaient : « Accordez-nous nos demandes, autrement votre successeur est prêt. Quel était ce successeur ? Ismaïl ou Halim ? Tewfik accéda brièvement à leurs demandes. Chérif fut appelé pour remplacer Riaz et, au mois de février 1882, Chérif, après avoir, en vain, essayé de donner au cabinet une direction intelligente, abandonna la tâche. Mahmoud-Sami lui succéda comme président du conseil, et Arabi fut fait ministre de la guerre. Ce n'était plus Arabi-Bey, mais Arabi-Pacha; il avait été promu au pachalat avec les autres colonels, Abdelal, Ali-Fehmy et Toulba. Ces patriotes prenaient soin d'eux-mêmes aux dépens de la *nation*. Ils avaient créé un grand accroissement du budget de la guerre par d'insouciantes promotions et par la constitution d'une nouvelle organisation militaire qui promettait un heureux refuge aux pensionnés, après un service purement nominal, et nullement suffisant. A ce moment, un journal, pour illustrer les façons du nouveau ministère, suppose le cas d'un réclamant d'avancement :

« Ne vous souvenez-vous pas que j'ai tiré la barbe de Rivers Wilson, il y a trois ans ? » « Ah !

c'est vrai! » reprend Arabi. « Vous avez tiré la barbe de Wilson ; *tiib*, vous serez major. » Vous m'excluez de l'avancement, mais je suis entré le premier au palais d'Abdin, en février. Pardon, j'avais oublié, vous serez colonel. »

« Comment se fait-il que vous me laissiez sans promotion ? J'ai déserté mon poste, étant de garde au ministère de la guerre, quand vous alliez passer en cour martiale si les troupes ne vous avaient pas délivré. » « Vous avez raison. Pour ce service, vous serez nommé général. »

Il y a peu d'exagération dans ceci. Depuis le commencement de janvier 1882, ayant résigné ma commission dans l'armée égyptienne à la fin de 1877 à cause des fièvres contractées dans l'Afrique centrale, je suis retourné au Caire, pour étudier la loi devant les tribunaux internationaux. Je suis allé un jour demander à Arabi la promotion d'un jeune officier, le lieutenant Hassan-Wassif, qui avait accompagné Gordon et moi au Soudan, et qui depuis, était venu comme mon aide à l'expédition de la rivière de Juba. Arabi lui promit de le nommer *capitaine* pour ses longs et excellents services, mais il ne le fit jamais. C'était assez qu'Hassan eût servi un *nosorani* (chrétien) détesté.

Parmi les associés d'Arabi au ministère, lesquels

furent ses constants compagnons et conseillers,
nous citerons les suivants :

## MAHMOUD-FEHMY

était ministre des travaux publics et, après
Mahmoud-Sami, le plus capable du ministère
Arabi. Ceci est peu dire pour lui. Quand j'ai servi
dans le corps de Loring, le service m'a mis
fréquemment en contact avec Mahmoud qui était
alors *bimbachi* (major) d'artillerie et attaché
comme inspecteur à la défense de la côte. Il est de
naissance moitié fellah, moitié nègre — cette
dernière moitié est de beaucoup la meilleure.
Il était fanatique et haïssait les *nosorani*,
mais dans ceci il différait peu de ses compagnons.

## TOULBA

Toulba-Pacha, parti de rien, avait été créé
colonel, puis pacha par Arabi. Il était aussi ignorant et aussi arrogant qu'Arabi, et, — qualité inhé-
rente du nègre aussi bien que du fellah — il avait
une ombre de vanité de plus qu'Arabi et le reste
des ministres. Un jour, un ami d'Arabi lui repro-
chait l'importance qu'il avait donnée à Toulba. Il

répliqua : « Toulba appartient à ma famille (il avait épousé une parente d'Arabi), je ne peux pas cracher sur mon soulier. »

## ABDELAL

Abdelal-Pacha commandait le régiment des nègres à Tourah et après à Damiette. Ignorant et brutal, ses collègues le considéraient comme le membre belliqueux du conseil. Il se vantait sans cesse d'embarquer son régiment et d'attaquer Liverpool.

## ALI-FEHMY

Le troisième colonel était un être abject, illettré et par-dessus tout timide et poltron. L'excitement nerveux et la peur le conduisirent aux aliénés.

### MUSTAPHA-PACHA-FEHMY

était un ancien colonel de la garde dont Ismaïl Pacha Khédive avait fait la fortune. Mustapha, cependant, considérait que, quoiqu'il dût à Ismaïl, il l'avait amplement reconnu en lui rendant le service de le débarrasser sur son commandement, du pauvre ministre des finances, Ismaïl-Sadyk.

Il pouvait justement se flatter dans le ministère rebelle de ne s'être pas joint à la grande armée des ingrats contre Ismaïl. — Il avait acheté le droit d'agir à sa guise.

Nonobstant, Mustapha était mal à l'aise, et pendant cette crise, il feignit la mauvaise santé, se procura une permission d'absence et alla en France, où il resta jusqu'au retour de Nubar au Caire, du ministère duquel il fait partie. Le lecteur se rappellera que nous parlons de l'Egypte, le pays de l'improbable.

Pendant ce temps, toute la presse vantait le patriotisme de ces hommes. On envoyait des correspondants par tous les vapeurs et le ministère Arabi avait peu de chose à faire, excepté à être *interviewé*. Cet enthousiasme flattait la vanité d'Arabi et a fait la fortune d'un certain nombre de journaux ; en outre, cela faisait partie du *petit jeu* finement comploté par ceux qui s'intéressaient à ses succès.

Le correspondant d'un journal bien connu à Paris s'était fait remarquer par son ultra arabiphilisme. Arabi l'invita à passer la revue de ses troupes. Mais pendant que le jeune journaliste parisien jouissait pleinement de ces nouveaux honneurs, il reçut un mot de M. Sienkewitch, le consul général français, qui lui disait :

Le Caire, 27 mai.

Cher monsieur,

On m'a dit que vous visitiez les casernes en ce moment. Ce serait tout naturel en d'autres circonstances. Actuellement, votre visite semblera être un encouragement d'un sujet français à l'armée égyptienne en rébellion contre son souverain.

Je vous serais très obligé si vous vouliez renoncer à cette inspection militaire qui me place dans une fausse position vis-à-vis de Sa Grandeur et compromet la politique de notre pays.

Acceptez, cher monsieur, l'assurance de ma considération distinguée.

SIENKEWITCH.

Le fait est que R..., le journaliste en question, un vrai *gentleman*, avait, dit-on, la promesse d'Arabi d'être promu au grade de colonel.

Arabi-Pacha était devenu, par le fait, l'arbitre des destinées d'Egypte. S'il y eut des gouvernements européens qui désirèrent profiter du désordre suprême qui régnait, il y eut aussi des individus privés qui réussirent à aveugler le dictateur, sur les dangers qu'il attirait sans en avoir conscience. L'Egypte a été conduite par des fils invisibles vers un abîme, sans qu'une voix se soit élevée pour l'avertir du danger.

Arabi avait promis à l'illustre président de la Société du Canal de Suez, la concession d'un canal d'eau douce et de terrains situés entre Ismaïlia et Port-Saïd.

Ces circonstances contribuèrent sans doute à inspirer à M. de Lesseps assez de confiance pour entrer dans le *soi-disant* parti national.

M. Wolf était le consul général des Etats-Unis au Caire. Il donna un banquet le 22 février 1882, pour fêter l'anniversaire de la naissance de Washington. Arabi, Mahmoud-Sami et les autres membres du ministère rebelle furent invités. Les consuls généraux de France, d'Angleterre etc., s'étaient excusés. A vrai dire, c'était une entreprise délicate, vu l'attitude rebelle et insolente du ministère vis-à-vis de son souverain, près de qui le consul général était accrédité. Cette invitation du ministère quasi rebelle aurait pu être considérée comme manquant hautement de diplomatie. Mon avis ayant été demandé, je l'ai donné énergiquement dans ce sens.

Au banquet, Mahmoud-Sami dans un beau dé-

ploiement oratoire en arabe, parla beaucoup de
« l'Egypte aux Egyptiens » et les noms de
*Haouagea* (Washington, Lafayette et Garibaldi)
furent souvent invoqués. Arabi, la tête rejetée en
arrière, dans une attitude de profonde méditation,
ouvrait de temps à autre les yeux, mais « l'éloquent
hâbleur » resta muet dans cette occasion,

M. de Lesseps prit la parole après Mahmoud et
dit : Je me lève au milieu de cette sympathique
assemblée, non seulement pour la remercier des
aimables paroles prononcées sur mes travaux de
Suez et de Panama, mais aussi en ma qualité de
doyen, car personne ici n'était né quand je vins en
Egypte, pour la première fois, il y a cinquante
ans, comme représentant de la France.

Nous célébrons la naissance d'un peuple à la liberté, dans cet anniversaire du plus grand citoyen
des Etats-Unis. Permettez-moi d'établir un paral-
lèle entre la vieille Egypte et la jeune Union Américaine. Depuis mille ans, l'Egypte qui avait d'a-
bord donné au monde des exemples de science et
de civilisation, avait été la dernière à proclamer le
principe de la liberté, courbée qu'elle était tou-
ours sous le despotisme le plus absolu.

Le pays de Washington, dont l'émancipation date
à peine d'un siècle, a commencé par la liberté et a

surpassé en prospérité toutes les contrées du globe. Je puis dire que j'ai été toute ma vie l'ami des libertés et des nationalités, et, après vingt-sept ans de carrière diplomatique, je suis revenu à la vie privée, comme ambassadeur de France, parce que je ne voulais pas participer à un attentat contre les libertés du peuple. C'est alors que l'Egypte m'ouvrit ses bras et j'ai pu, avec le concours du bienveillant Saïd, fils de Méhémet-Ali, entreprendre l'ouvrage humanitaire du canal de Suez. Grâce à cette concession (ici de Lesseps jeta un regard aimable à Baroudi et Arabi), l'Egypte a été la première qui ait consacré la liberté d'un passage qu'elle a assimilé à celui des mers.

Cette liberté a été pratiquée depuis l'ouverture du canal, par toutes les nations qui ont respecté sa neutralité en temps de paix comme en temps de guerre, et la dernière année, plus de cent mille hommes appartenant à toutes les nations, ont librement passé le canal d'un côté à l'autre sans aucun inconvénient.

Ce sera la même chose pour le canal de Panama, quand il sera ouvert dans six ans. Alors règneront entre tous les peuples la paix et la fraternité universelles.

Je bois au Parlement égyptien et aux membres

du gouvernement qui, sous l'autorité tutélaire du Khédive, se montreront dignes de la liberté.

Cette consécration publique d'une cause patriotique par l'illustre président du canal eut pour effet d'augmenter la folie d'Arabi.

Il allait maintenant entrer dans la seconde phase de l'insurrection et, désormais, il obéissait à un mot d'ordre d'El-Azhar pour jouer le *rôle* de prophète.

Se promenant un jour dans les rues du Caire, accompagné d'une longue file de partisans, il s'arrêta soudain et, prenant un air béat, les yeux levés au ciel et frappant la terre du pied, il dit : « Voici le fusil qui m'est envoyé d'en haut! »

Ses serviteurs remuèrent vite la terre, et là, en effet, était un fusil, sur la platine duquel on pouvait distinctement lire le nom de l'inventeur américain « Remington ».

Le matin du 4 avril, Alexandrie et le Caire étaient dans une grande agitation. On disait que « le steamer *Arabia* » venait d'arriver à Alexandrie, ayant à bord Ismaïl qui était revenu pour prendre le contrôle. C'était tout simplement sa seconde femme, mère d'Ibrahim et l'une des nombreuses belles-mères de Tewfik. Malade, elle demandait à revenir de Naples, ou elle était en

exil. Ismaïl avait déjà envoyé à Tewfik la dépêche
suivante :

Naples, 1<sup>er</sup> avril.

« La princesse, votre mère, est très malade. Elle
retourne en Égypte avec plusieurs personnes de
sa suite qui ne souhaitent pas rester plus longtemps à Naples. Ils sont sujets musulmans et il
n'y a pas de motifs pour les exiler. Je vous prie
de les bien recevoir.

» Imaïl. »

Osmar-Pacha-Loufti, avec une garde nombreuse,
alla à la rencontre de l'Arabia, et insista pour que
la princesse reçût plusieurs docteurs auxquels
Tewfik avait ordonné d'examiner si, réellement,
elle était malade. La princesse refusa de les recevoir et envoya à Tewfik la dépêche suivante :

« Mon fils,

» Je suis arrivée malade à Alexandrie. Le gouverneur est venu à bord avec une députation de
docteurs pour déterminer ma maladie. Une telle
chose m'a donné une impression pénible. Je suis
votre mère, je suis musulmane. Je ne peux pas subir

une telle humiliation. Je vous prie de donner des ordres, pour que je puisse descendre à terre et y être traitée par le docteur. J'en appelle à votre justice et à votre cœur, au nom de Dieu et de notre Prophète ! »

Le Khédive répondit :

« Si j'insiste, princesse, pour que vous receviez les trois docteurs que je vous ai envoyés sous la garde d'Omar-Pacha-Loufti, c'est parce que je prends un grand intérêt à votre santé. »

La princesse, là-dessus, envoya une autre dépêche à Tewfik :

« Mon cher fils,

» J'ai reçu votre message. J'ai été très sensible à l'intérêt que vous prenez à l'état de ma santé. Je me serais empressée de satisfaire à votre désir, si cette visite médicale, dans les circonstances où je me trouve, n'était pas incompatible avec ma situation comme musulmane, et, en même temps, une humiliation que je vous prie de m'éviter. Quand vous m'aurez permis d'aborder, je recevrai la visite des docteurs que vous aurez la bonté de m'envoyer. Je réitère ma demande. Comme mère et musulmane, j'en appelle à votre cœur et à votre justice, au nom de Dieu et du Prophète! »

Tewfik ne répondit pas à cette lettre. Le 6 avril, le *Moniteur égyptien*, à la surprise de tous, publia l'article suivant :

*Au Directeur de la Presse.*

« A l'occasion de l'arrivée, à Alexandrie, d'une des princesses, épouse de Sa Grandeur, Ismaïl-Pacha, un public intéressé a fait circuler le bruit que le ministre de la guerre et les officiers de l'armée étaient favorables à sa venue et à son séjour en Égypte.

» Ces rapports ont pris une telle forme, que certaines personnes les ont crus fondés. Je crois opportun d'opposer à ces rumeurs un démenti formel en mon nom et en celui des officiers et soldats de l'armée d'Égypte. L'armée, en général, d'accord avec le peuple, est opposée au retour en Égypte, sans distinction et sans égard pour le rang et le sexe, de toute personne alliée à l'ex-Khédive Ismaïl, parce que la nation et l'armée sont convaincues d'avance des dangers qui en résulteraient pour le pays.

» Je vous invite à donner la plus grande publicité à cette lettre, de façon ce que la vérité soit connue, et arrête tous les faux bruits.

» Le Ministre de la guerre,

» ACHMED-ARABI. »

Les européens furent étonnés de cette faiblesse de la part d'Arabi.

Le 8 avril, l'*Arabia*, sous la surveillance de la police et incapable de communiquer avec le pays, malgré les protestations du consul général italien, retourna à Naples.

La belle-mère de Tewfik avait une mortelle ennemie dans le palais du Khédive, c'était sa rivale, mère de Tewfik et première femme d'Ismaïl, qu'il avait prise comme esclave et élevée ensuite au rang de princesse.

La princesse nourrissait une haine sauvage contre la seconde femme d'Ismaïl, qui avait refusé de la reconnaître pour son égale, et elle dicta à son fils la mesure devenue, maintenant, le sujet des conversations au Caire et à Alexandrie.

La lettre écrite par Arabi trouva naturellement beaucoup de faveur près de la princesse. Elle lui envoya une bague garnie de pierres précieuses, une montre et une chaîne comme preuve de son approbation de cet acte d'hostilité contre Ismaïl et son ennemie.

Arabi, pendant ce temps, continua à jouer le *rôle* qu'on lui assignait. Il déclara ouvertement que Mohammed lui était apparu en rêve, et lui avait annoncé qu'il était le *Sublime*. Le gouvernement était, en réalité, transféré du palais d'Abdin, à l'humble maison du colonel rebelle. Il était le soleil levant, et les flatteurs et les serviteurs de la puissance du jour, apanage nécessaire de toute cour, abandonnaient le prince Tewfik et allaient faire la cour au fellah. Arabi arrêtait fréquemment toute affaire, enlevait ses souliers et se mettait en prières devant la foule assemblée. C'était une méthode unique de publier sa piété en public, et, en même temps, un abri contre les importuns. Quand il sortait, c'était une procession ressemblant à un enterrement pour la populace au travers de laquelle elle passait ; on regardait avec pitié les officiers timides et tremblants qui commandaient son escorte. Il est certain qu'ils craignaient constamment le poison ou l'assassinat, de la part des circassiens ou des européens. C'était comique aussi bien que sérieux. L'un des ministres d'Arabi, Ali-Pacha-Sadyk, sous cette excitation nerveuse, devint, dit-on, fou enragé. Il s'écria qu'Arabi tenait un poignard sous sa gorge.

Il fut transporté à l'hôpital des aliénés, d'où, au bout de peu de temps, il sortit guéri, mais il prit bien soin de ne pas aller réclamer son portefeuille au ministère.

Le 9 avril, on inventa la fameuse conspiration des officiers circassiens pour tuer Arabi. Le 18, treize officiers furent arrêtés et traînés de la manière la plus brutale devant un conseil de guerre où la populace les couvrit d'injures. Ils furent condamnés à l'exil. D'autres furent arrêtés de la même manière sur les mêmes charges. C'était, il n'y avait pas de doute, un plan organisé pour se débarrasser de tout autre élément de l'armée, et conserver les *fellahs*. Le Khédive, ne sachant que faire, en appela au Soudan et, finalement, aux cousuls, qui l'engagèrent à commuer les sentences prononcées par le conseil de guerre. Il agit d'accord avec le conseil. Le 10 mai, tous les membres du ministère d'Arabi allèrent au palais et demandèrent à Tewfik de rapporter la commutation des sentences contre les circassiens. Tewfik, après mûres réflexions, refusa mollement. Le ministère se retira, disant au Khédive qu'il se regardait comme insulté. Mahmoud-Sami, en conséquence de cet acte, informa les consuls de France et d'Angleterre que s'il continuait à être responsable des biens et de la vie des étrangers en Egypte, il ne pouvait pas étendre cette garantie à la personne du Khédive.

Le conseil des ministres se décida à convoquer les *notables*, et le fit par télégramme sans daigner en informer le Khédive, qui seul en avait le droit.

Le 25 mai, les consuls de France et d'Angleterre envoyèrent un ultimatum au président du conseil, demandant la démission du ministère, le renvoi d'Abdelal et d'Ali-Fehmy, et l'exil d'Arabi. Le ministère se retira, mais Arabi signifia son intention de rester à la tête de l'armée et se proclama « chef du parti national ».

Le 27 mai, Tewfik convoqua au palais d'Ismaïlia les notables et les commandants militaires. C'est dans cette réunion que Toulba plaça d'un air menaçant sa main sur la garde de son sabre, et, interrompant Tewfik, dit que l'armée ne voulait pas écouter la note des puissances et ne reconnaissait d'autre autorité que celle du sultan. Sur quoi, il se retira brusquement, suivi des militaires qui, partout, étaient accompagnés d'une foule indescriptible, comme s'ils eussent eu peur de leurs ombres.

Dans l'après-midi de ce jour, les principaux cheikhs de l'Islam, les ulémas, le patriarche et le grand-rabbin se présentèrent devant le vice-roi et le prièrent de remettre Arabi au ministère de la guerre. Le Khédive refusa. Mais ils continuèrent à supplier et dirent que leurs vies étaient en danger, car Arabi les avait menacés de mort s'ils ne le faisaient pas rétablir. Le colonel de la garde dit que « les sentinelles avaient été doublées au palais et que des ordres avaient été donnés pour empêcher le Khédive de le quitter pour aller à la promenade de Choubrah, et qu'il était réellement prisonnier. Ils avaient ordre de tirer sur lui, s'il essayait de sortir ».

Tewfik, sous cette pression, consentit à ce que Arabi redevînt ministre de la guerre.

Il paraît que, le soir précédent, Arabi, le sabre en main et suivi par cent officiers, était allé à la maison de Sultan-Pacha, président de la Chambre des notables, et avait demandé la déposition de Tewfik, menaçant de mort ceux qui refuseraient d'acquiescer à ses ordres. Ne recevant pas de réponse, il avait insisté pour que, dans les douze heures, il fut réinstallé ministre de la guerre.

Nous avons vu de quelle manière Arabi fut renommé. Le ministre de la guerre était maintenant l'*alpha* et l'*oméga* de son ministère; il était seul.

C'était un sinistre augure de la catastrophe prête à survenir.

On rapporte, qu'en ce moment, Ismaïl-Pacha,

en exil à Naples, avait dit au correspondant d'un journal : « Vous allez en Egypte ; rappelez-vous que les orientaux sont des enfants en matière de civilisation. Dans l'Est, le fanatisme est le point de départ. Maintenant, n'oubliez pas que ceci vient d'un musulman : *Le fanatisme est comme le mal, il ne s'arrête pas.*

Qui dit que cela n'était pas prophétique ? Ismaïl comprit son peuple. Le prétexte du parti national, il le savait, cachait seulement le fanatisme et la haine des chrétiens.

La politique du *laisser faire*, qui dominait le ministère de Freycinet, par qui était-elle inspirée ? Etait-ce par ceux qui attendaient les concessions promises par Arabi ? Quelques-uns ont insinué que la France craignait une complication avec l'Allemagne ; c'est ridicule !

L'excellence de son armée, et surtout sa supériorité en artillerie et en cavalerie, comme l'attestent les critiques allemands, — la complète désorganisation de la première étant la cause de sa défaite en 1870 — est suffisante pour donner un démenti à cette insinuation.

L'action de M. de Lesseps, à Port-Saïd, protestant contre le débarquement des troupes françaises, jointe à ce qui a déjà été dit à ce sujet, semble montrer une résolution arrêtée de sa part de favoriser Arabi. Les intérêts privés du grand Français étaient supérieurs à son patriotisme. Bien différent de ce Français, dont la plus grande gloire était son amour du pays, Gambetta qui, dans la Chambre des députés, le 1ᵉʳ juin, dit, en réponse à la remarque de M. de Freycinet, « que jamais le gouvernement n'accepterait une intervention militaire en Egypte ».

« Messieurs. Quand j'entends dire que, non contents d'abandonner la position que la tradition et les firmans donnent, en Egypte, à la France et à l'Angleterre; que, non contents de confier au concert européen, c'est-à-dire aux adversaires de la politique d'entente anglo-française, le jugement et l'arrangement d'un différend qui ne doit pas démembrer l'empire ottoman, mais défendre le *statu quo* établi par les traités; que, non contents d'abandonner cette position et de sortir de ces difficultés, au milieu desquelles on a maintenu une situation qui n'a jamais été abandonnée depuis quatre-vingts ans, dans la question égyptienne, soit sous l'empire, soit sous la monarchie; et quand j'entends affirmer d'avance l'absolue résolution que la France, dans n'importe quelle circonstance, n'interposera jamais son autorité militaire, je me rappelle le jour où Berryer, montant à la tribune en pareille circonstance, prononça le mot que j'emprunte à la plus éloquente parole que ces murs aient jamais entendue. Il dit : « Ne parlez pas ainsi ; ne parlez pas ainsi de la France! »

L'attitude de la Chambre française produisit la consternation parmi les français d'Égypte.

Je revins au Caire vers cette époque venant de Louksor, où j'étais allé, plusieurs semaines avant, ayant trouvé l'exercice de la loi suspendu par les relations déjà tendues de l'élément arabique avec l'élément étranger. Mon ami, M. Lamothe, rédacteur du *Temps*, à Paris, m'accompagna. C'était un ardent admirateur de la politique de *laisser faire,* dont les événements suivants, il me l'a avoué, lui ont montré le vide. Nous nous étions arrêtés à Louksor jusqu'à ce que la chaleur y fût devenue insupportable, quoique je me considère à cet égard presqu'à l'épreuve du feu. Je saisis l'occasion de sonder les habitants à l'égard d'Arabi. Ils ne savaient rien de lui comme chef du parti national. Il avait habilement fait supposer qu'il avait fait renvoyer Ismaïl. Partout, le nom d'Ismaïl était reçu avec ce geste de mépris qui caractérise la haine du fellah, — c'est-à-dire en crachant par terre avec violence et en disant *kanziah* (cochon), avec une sorte de sifflement entre ses lèvres fermées. Arabi était appelé

*Pacha betani* (notre Pacha), dont la mission moitié divine, moitié humaine, était de leur donner la terre et les biens des chrétiens et de les affranchir de leurs dettes. Le fellah avait déjà, dans bien des occasions à ma connaissance, commencé à opérer sur les grecs et les syriens, logés dans la vallée et envers lesquels, en qualité de prêteurs d'argent, ces fellahs étaient largement endettés. Ils les avaient attaqués la nuit avec des *nabouts*, les avaient battus et dépouillés de leur argent. Dans une occasion, je leur demandai : « Croyez-vous qu'Arabi soit un prophète de Dieu? » Ils répondirent : « Imkin! » (Peut-être.)

En redescendant le Nil, je trouvai une bande de recrues, destinée à l'armée qu'Arabi augmentait.

Parmi elles étaient plusieurs vieux soldats qui avaient servi sous mes ordres sur la côte d'Afrique. Ils me demandèrent, en secret, ce que faisait Arabi, et parurent très étonnés quand je leur dis qu'il avait l'intention de se battre contre les européens.

Arrivant au Caire, vers neuf heures du soir, le 31 mai, accompagné par mon domestique Ali, je me dirigeai de la gare à Ghézireh, franchissant la rivière jusqu'à la ville sur laquelle un silence mystérieux et de mauvais augure semblait planer comme un drap mortuaire. Pas une âme dans les rues ordinairement encombrées de monde, car, en cette saison, plus qu'en toute autre, l'air est rempli de musique et la nuit est changée en jour. J'eus beaucoup de difficultés à être admis à mon hôtel. Le propriétaire et sa femme me dirent, en tremblant de crainte, que des menaces avaient été faites de massacrer les chrétiens, et que déjà plusieurs avaient adopté tous les moyens de défense qu'ils avaient pu trouver.

En allant dans un *café* qui était ouvert près de là, je rencontrai nombre d'amis discutant les mesures à prendre pour la défense. Ils me proposèrent de me donner le commandement.

Le Khédive était alors virtuellement prisonnier au palais d'Abdin. Le jour suivant, un officier attaché à la personne du Khédive vint à moi et me demanda si, dans un cas urgent, je pourrais lever une troupe de volontaires, pour aller à l'aide de Tewfik et dans ce cas, combien? Il fut compris, qu'en cas de besoin, cinq cents pourraient être réunis. Arabi, dans une attitude menaçante, avait fait circuler des *pétitions*, demandant la déposition de Tewfik; chaque jour dans l'après-midi, la population frappée de panique, était égayée par le spectacle du dictateur, se promenant, en voiture suivi par de nombreux officiers en uniforme.

La vérité est que ces officiers fellahs étaient plus alarmés que la populace. L'abattement de Mustapha-Fehmy et Ali-Sadyk, qui étaient dominés par la peur, affectait plus d'un de leurs distingués collègues.

Ils n'étaient pas les seuls, car il est dit par Arabi lui-même que, pendant le bombardement, une bombe, parmi plusieurs qui pénétrèrent dans la cité, tomba près de la grille de Rosetta, où il se tenait durant le bombardement, et, en éclatant, tua deux soldats. Un officier suggéra à Arabi qu'ils devraient commander aux batteries du fort Napoléon d'ouvrir le feu. « Oh! non, cria-t-il, ne faites pas cela, vous attireriez sur nous le feu des *Inglisie*. »

Le sultan était décidé à intervenir. Il envoya Dervish-Pacha comme ambassadeur. Son arrivée, le 8 juin, donna une lueur d'espoir aux européens, justement effrayés de l'attitude menaçante d'une population fanatique. Il ne fallait qu'un tout petit choc pour faire commencer le massacre qui, depuis bien des jours, était l'objet des prières des fidèles dans les mosquées. Il devenait difficile à Arabi de contenir son peuple jusqu'au moment convenu.

Dervish était un *Muchir* ou maréchal de l'empire ottoman. Il avait commandé à Monténégro et à Batoum en 1876 et en 1877. Il avait soixante-dix ans, était grand et avait l'air solennel. Il ne parlait que le turc, et était accompagné de son fils et de deux interprètes, l'un parlant arabe, l'autre français.

Au même moment, Arabi avait télégraphié à son agent de Constantinople, demandant ce que signifiait l'arrivée de Dervish. Il reçut la réponse suivante :

« Le sultan vous envoie Dervish-Pacha. Ne vous inquiétez pas. »

Dervish fut reçu avec tous les honneurs dus au sultan. La population entière, naturels et étrangers, était groupée le long des lignes des soldats, au travers desquels le *cortège* passa, pour se rendre de la gare au palais. Mêlé à la foule, je vis, à ma surprise, une scène impossible à décrire. Le délégué d'Arabi, Yacoub-Bey, s'était assis dans la voiture de l'ambassadeur. Cinquante *boyahs* (cireurs de chaussures), et des *homars* (conducteurs d'ânes) battant des mains et gesticulant, couraient devant la voiture de Dervish en chantant à haute voix :

« A bas les chrétiens ! Les chiens de chrétiens », et « A bas les européens ! les chiens de nosorani ! »

Ce mouvement était évidemment prémédité et d'un mauvais augure pour l'avenir.

Je quittai ce spectacle avec la conviction qu'un crime sanglant, était proche.

Trois jours après, le 11 juin, arrivait le massacre d'Alexandrie.

# CHAPITRE XI

## Les massacres.

Il est bien avéré qu'un conseil secret auquel étaient présents Arabi, Toulba, Ali-Fehmy, Nédim, Saïd Kandil, le préfet de police d'Alexandrie et Suleiman-Daoud (colonel) et Hassan-Moussa-el-Akhad, fut tenu au Caire dans la nuit du 10 juin. Quelle fut la nature des délibérations du conseil ? C'est ce qu'on ne peut pas absolument dire. Nédim avait ouvertement prêché le massacre des chrétiens dans les mosquées d'Alexandrie — fait aussi bien connu d'Arabi, que les dénonciations violentes de Suleiman-Daoud. A ce moment, les mosquées du Caire résonnaient de prières à Allah contre les nosorani détestés.

Moussa-el-Akhad et Nédim quittèrent le Caire le dimanche matin 11 juin, pour aller à Alexandrie où ils arrivèrent dans l'après-midi. A trois heures, à

un signal donné dans la Rue des Sœurs, le massacre
commença. Le temps était bien choisi. La Place
des Consuls était remplie de l'*élite* d'Alexandrie.
Vers cet endroit, roulait le flot d'arabes, armés de
*nabouts* — gros bâton, arme mortelle dans la main
des arabes habitués dès l'enfance à s'en servir avec
adresse — *et que la police avait distribués en
grand nombre*. Ils tombèrent sur la pacifique population et l'abattirent brutalement. On dit que le
massacre commença par une querelle survenue
entre un maltais et un arabe. Pendant que les
arabes torturaient leurs victimes, leurs femmes,
hurlant comme des hyènes enragées, enfoncèrent
les portes des magasins, pillant et emportant les
marchandises. Le total des objets volés fut considérable. MM. Ranghabé, le consul grec; Machia-
velli, l'agent italien, et M. Cookson, le juge consulaire anglais, furent légèrement blessés dans
cette *barouffe*. Les massacres de Salonique, Syrie
et Djeddah, sont considérés comme des barouffes.

Enfin, revenus de leur surprise, les maltais, les
grecs et les calabrais se levèrent et, armés jusqu'aux dents, fusillèrent un grand nombre d'ennemis. Sans ce secours héroïque, des milliers d'hommes seraient tombés ce jour-là. Cent vingt européens
tombèrent sous le *nabout*, tandis qu'on estime vague-

ment à trois ou quatre cents le nombre des arabes assassinés. Pendant ce temps, et jusqu'à sept heures, l'armée égyptienne était sous les armes, attendant les ordres d'Arabi. Ils arrivèrent quand les chrétiens eurent trop échauffé la bataille pour les arabes. Les *moustafazins* — garnison de la ville — furent appelés, mais tournèrent leurs armes contre les européens; et sous prétexte de les conduire en lieu sûr, les menèrent au *Zaptich* (station de la police); où, enfermés dans des cellules, ils furent massacrés de sang-froid. La correspondance suivante, prise du « Livre Bleu », peut intéresser le lecteur.

Sir Malet au comte Granville (reçue le 15 novembre).

Le Caire, 6 novembre 1882.

Monseigneur,

En référant à ma dépêche du 19 octobre, j'ai l'honneur de joindre à ceci la copie d'un autre rapport final que j'ai reçu de M. Keith Grosjean, détaillant les renseignements supplémentaires qu'il a pu se procurer touchant les massacres du 11 juin. En finissant son rapport, M. Grosjean exprime son regret de voir qu'il existe encore plusieurs fils rompus dans la chaîne de preuves, et son opinion est, que pour les rétablir, il faudrait un juge d'instruction avec les pouvoirs les plus étendus.

J'ai l'honneur, etc.

*Signé :* EDWARD B. MALET.

M. Grosjean à sir E. Malet.

Alexandrie, 4 novembre 1882.

Monsieur,

Confirmant mon précédent rapport du 10 du mois dernier et selon vos instructions de fermer le même, j'ai l'honneur de reporter ce qui suit :

A propos de la distribution des nabouts, j'ai obtenu la preuve que, dans l'après-midi du 11 juin dernier, un nommé Ahmed-el-Gouda, marchand de nabouts exerçant son commerce à Warcha-Moro, Sikket-el-Ghedidah, près le fort Napoléon, distribua, entre 3 et 4 heures de l'après-midi, de grandes quantités de nabouts à la foule — son étalage était cependant en vue de la batterie du fort où étaient postées les sentinelles arabes. Celles-ci ont tiré sur des personnes se montrant à leurs fenêtres ou sur la terrasse de leurs maisons. Je n'ai pas réussi à connaître les noms des sentinelles de service à ce moment-là, à cause du défaut des appels militaires qui devraient exister. Sans doute les sentinelles n'ont pas tiré sans ordre!

Il y a lieu de croire que le magasin d'Ahmed-el-Gouda a été pendant longtemps le repaire des pillards, puisque, quoiqu'il ait disparu, son serviteur, un esclave noir, a continué à enlever des caisses du magasin, pendant plusieurs nuits; évidemment, ce n'étaient pas des marchandises destinées à la vente. Je crois qu'aucune mesure n'a été prise contre les personnes ayant distribué des *nabouts*, faute de ministère public. Mohammed-Effendi-el-Makhadi et son fils, occupent encore tranquillement leur maison, d'où tant de nabouts ont été jetés. Je suis informé qu'un certain Francesco Strengel, sujet italien, ancien officier de police, demeurant maintenant à Naples, envoya le samedi 10 juin 1882, sa démission au préfet de police, Saïd Bey-Khandil, parce qu'on avait négligé son avertissement au préfet annonçant qu'une perturbation était imminente.

Le départ d'Hassan-Moussa-el-Akhad pour le Caire s'est effectué le 11 juin, à six heures du matin; de là, il partit pour Alexandrie, où il arriva dans l'après-midi, accompagné par John Ninet, le gênois. Un algérien, nommé Hamama, apparemment pas enregistré au consulat français, homme de bon renom, et qu'on suppose avoir été tué durant le bombardement, a vu, dit-on, Hassan-Moussa-el-Akhad fumant à l'intérieur du Caracol-el-Libbani au commencement de l'altercation près du café Vetri, dans la Rue des Sœurs.

J'ai appris qu'un signal de commencer avait été donné par un feint enterrement d'un arabe suivi par des personnes, probablement des cheikhs, dont plusieurs portaient des turbans verts, et qui passa le matin du 11 juin dernier, jour du massacre, par les rues principales et les petites rues d'Alexandrie. Je le crois feint, parce qu'une funèbre procession, venant des bas quartiers de la ville, n'avait certainement pas de raisons, si elle était réelle, pour passer par le quartier européen, et aller aussi loin que le boulevard de Ramleh. Ceci eut lieu entre dix heures et midi.

Je voudrais citer le fait du télégramme chiffré du 10 juin, du ministère de la guerre, daté de Kasr-el-Nil, 5 heures 20 de l'après-midi (probablement l'heure arabe), déchiffré dans l'annexe de mon rapport du 18 octobre. L'importance de cette dépêche coïncide avec la lettre que M. Petrovich m'a adressée le 2 du même mois, dont une copie est jointe à mon précédent rapport, et où il dit :

« A un moment donné et comme s'il y eût eu un mot d'ordre, tout va arme cessa dans la rue, comme par enchantement. Après quelques instants, ayant demandé à un soldat si c'était fini, il me répondit que « oui, l'ordre étant venu de ne plus frapper. » Etait-ce naïveté de sa part ou bien, dans la presque obscurité où nous nous trouvions, ne reconnut-il pas celui qui le questionnait, croyant probablement que c'était un arabe? Mais la réponse est exacte et je la trouve caractéristique. »

Je renvoie pour plus amples preuves à M. F. Lauzon, (Documents Imprimés N° 16 p. 5) à l'égard de la remarque d'un clerc à un client dudit monsieur, (depuis le bombardement, cet homme n'a pas reparu, on ne sait où il peut être). Les domestiques de quelques personnes les avertirent que le 11 juin, il y aurait danger à sortir. Une autre preuve donnée par M. Vernoni, annexée à mon précédent rapport, dit notamment que la police du Caracol refusa d'agir contre la foule, et il rapporte les mots qu'il entendit Hassan-Moussa-el-Akhad employer à Damanhour.

Je pense que les faits ci-dessus tendent tous à prouver une trame concertée de laquelle Moussa-el-Akhad était pleinement instruit, et dont il paraît avoir eu la charge de l'exécution. L'histoire propagée si adroitement que l'émeute avait commencé par une querelle entre un arabe et un européen, et dans laquelle l'arabe avait été tué, tombe d'elle-même.

Si on donnait la moindre croyance à ce bruit, il serait étrange que la garde, au Caracol-el-Libbani, presqu'en face l'endroit où eut lieu une telle querelle, n'eût pas fait attention à l'affaire et n'eût pris aucune mesure pour arrêter le prétendu coupable.

Sans doute, on pourra savoir au Caire, par quelles instructions agissait Moussa-el-Akhad. M. Goussio, directeur de la banque anglo-égyptienne, m'a informé dernièrement que l'incendie de la ville fut commencé par l'infanterie qui marcha vers le square, en ordre de bataille, au son des cors, et pendant qu'ils effectuaient leur œuvre de destruction, l'officier qui les commandait était assis sur une chaise du square.

J'ai été avisé dernièrement qu'avant le 11 juin dernier, Abdallah-Nédim fréquentait Damiette, faisant des speeches excitants, et qu'il demeurait habituellement chez une personne notable de la ville, qui se vantait ouvertement d'être le chef du parti national de l'endroit, et dans la maison duquel, pendant le mois de mai dernier, des meetings, appelés de « bienfaisance », desquels Arabi-Pacha était président honoraire, étaient actuellement présidés par Abdallah-Nédim.

On prétend qu'un autre notable de Damiette a mis une grande imposition sur la communauté commerciale des naturels, pour payer des levées de guerre, et avoir à sa disposition des soldats.

On m'a donné à entendre qu'un des neveux de la même personne a été emprisonné, mais que son fils et son autre neveu sont encore au large et non inquiétés.

En finissant mon rapport, je regrette qu'il y ait tant de fils rompus et je suis d'avis que pour les réunir et en faire les preuves complètes, il faut un juge d'instruction avec les pouvoirs les plus étendus ; et même dans ce cas, il n'arriverait pas, s'il n'était soutenu par une assistance d'une coopération officielle *bona fide*.

J'ai, etc.

*Signé :* J. KEITH GROSJEAN.

Nous citons l'extrait suivant de la pétition de Madame R... de nationalité anglaise, à la reine, et reçue au Foreign-Office le 12 septembre.

M. Ribton et ses compagnons ramaient vers la

Marina et en débarquant, ils virent deux officiers arabes. Ils remarquèrent aussi que les portes de la ville étaient fermées; on leur permit d'entrer par une petite porte donnant accès dans le poste de police. Plusieurs européens revenaient des vaisseaux en même temps; les boutiques étaient fermées, et les rues remplies de soldats arabes, mais il n'y avait pas apparence de désordre. M. Ribton était en arrière des européens qui revenaient des vaisseaux. Soudain les soldats arabes crièrent : « Vite ! vite ! « et tous commencèrent à courir.

Peu de temps après, les européens qui marchaient en avant crièrent que la foule venait. M. Ribton et ceux qui l'accompagnaient voulurent retourner sur leurs pas, mais les soldats arabes, leurs baïonnettes en avant, les ramenèrent, et dans un instant, ils se trouvèrent face à face avec la foule qui avait déjà pris de front les européens. Cette foule était composée des plus basses classes d'arabes de la ville; ils étaient armés de gourdins garnis de clous, avec lesquels ils frappaient à mort les chrétiens. Aussitôt qu'ils tombaient, la classe arabe plus aisée les traînait par les pieds dans les rues écartées, les dépouillait, et quand ils étaient nus, les jetait dans la rivière ou les enterrait dans le sable. Les soldats arabes, loin d'intervenir pour empêcher ces massacres, se joignaient à la foule et l'aidaient, en perçant de leurs baïonnettes ceux qui essayaient de se sauver vers la plage.

Environ deux ou trois cents européens furent ainsi brutalement massacrés. M. Ribton et ses trois compagnons essayèrent en vain de préserver sa fille des coups; ils furent débordés. M. Ribton, deux fois jeté à terre, se remit sur ses pieds, essayant de sauver sa fille. La troisième fois, il ne se releva plus; ses trois compagnons furent aussi massacrés. La fille de la pétitionnaire fut terriblement frappée sur la tête et les épaules et, comme elle tombait presque inanimée, elle fut saisie par un soldat, qui, la plaçant sur ses épaules, l'emmena au quartier arabe. Là, elle fut sauvée par un cheikh ami, qui entendit ses cris et la garda dans sa maison jusqu'à la nuit, puis il la renvoya chez elle, déguisée en arabe. Il est vraiment miraculeux qu'elle ait pu se sauver. Elle était toutefois terriblement meurtrie, et pendant longtemps, elle resta dans un état alarmant, demandant les plus grands soins. Elle est encore d'une santé extrêmement délicate et incapable d'aucune occupation exigeant de la force corporelle.

Pendant cette odieuse *barouffe,* les deux amiraux commandant les vaisseaux anglais et français du port étaient dans la cité, et, en retournant à leurs bords respectifs, avaient été spectateurs de la scène. Leurs bateaux prêts à faire voile, ils attendaient les ordres du gouvernement, mais les ordres ne vinrent pas. Les hommes soumis au commandement de l'amiral Conrad seul, étaient plus que suffisants, non seulement pour disperser la foule de la ville, mais aussi pour punir, comme ils le méritaient, les lâches régiments que chacun savait avoir été les sympathiques témoins du massacre.

Ceci était le moment suprême pour l'action. Il est difficile de comprendre l'hésitation d'un officier à assumer une responsabilité, si grande qu'elle soit, en présence d'un crime comme celui-ci, commis contre l'humanité.

A portée de leurs fusils, leurs coreligionnaires et compatriotes étaient massacrés de sang-froid. C'était le cas ou jamais de mettre de côté, au nom de l'humanité, la loi internationale. Mais il n'y avait pas de restrictions même dans le traité; car, la France et l'Angleterre étaient devenues depuis la fondation de la dynastie de Méhémet-Ali, l'organisation du contrôle et l'acte de détrônement d'Ismaïl, les gardiennes *de jure* de la paix d'Egypte, comme elles étaient déjà les gardiennes *de facto* des finances.

L'obligation de protéger la vie et la propriété était notoire à n'importe quel point de vue. Alors pourquoi référer au ministre des affaires étrangères de l'un ou l'autre des pays? On a dit que le bombardement du 11 juillet était un crime. Ce n'était pas le sentiment de la population étrangère d'Egypte. Le crime a été dû au refus de débarquer les troupes le 11 juin ; et le bombardement, un mois après, était une tardive reconnaissance du fait. Il était universellement démontré à cette époque, et je constate que les événements suivants l'ont prouvé, qu'il était simplement nécessaire de montrer aux fellahs la moindre disposition à employer la force et l'armée d'Arabi se serait dispersée comme un rayon de soleil du matin. L'Egypte alors n'aurait pas été perdue pour la France. L'Angleterre aurait évité par là une occupation qui peut lui coûter plus que son prestige et, surtout, l'humanité n'aurait pas eu à pleurer les calamités qui depuis sont venues fondre sur l'Egypte.

Dans son rapport sur le massacre, l'amiral Seymour dit :

Cet après-midi, 12 juin, de bonne heure, je reçois la dépêche suivante du ministre de Sa Majesté, au Caire :

Le vice-roi dit que si les hommes débarquent ou si la garnison craint quelque action hostile, il y aura une conflagration générale dans tout le pays.

Les représentants des puissances vont maintenant vers Dervish-Pacha pour essayer d'obtenir un arrangement temporaire, par lequel la sécurité des chrétiens serait garantie. Quelques heures plus tard, dit sir Beauchamp, les garanties suivantes étaient données et acceptées : « Arabi-Pacha promit d'obéir implicitement à tous les ordres donnés par le Khédive, et déclara qu'il arrêterait toutes conférences, meetings, articles de journaux, etc., et ferait assurer par les troupes le maintien de l'ordre public. Dervish-Pacha dit qu'il assumerait la responsabilité de concert avec Arabi-Pacha. »

Précisément, Arabi avait admirablement réussi à prouver qu'il était le pouvoir dans le pays; pour y arriver, il avait ordonné un massacre, et maintenant, on en appelait à lui pour maintenir l'ordre.

Bien entendu, il avait conseillé de ne pas débarquer de troupes avec la menace d'une conflagration générale; s'il avait dit une consternation générale, cela aurait été plus vrai.

Le jour suivant, les représentants et consuls des puissances ajoutèrent au drame un acte honteux.

Ils firent placarder sur les murs d'Alexandrie, la proclamation suivante :

*Aux Européens d'Alexandrie.*

Citoyens compatriotes,

De graves désordres ont éclaté à Alexandrie. L'armée égyptienne et ses chefs s'engagent à rétablir l'ordre et à le faire respecter. Nous y avons confiance. Nous sommes en parfait accord avec les autorités civiles et militaires, quant aux mesures nécessaires pour assurer la tranquillité publique. Nous en appelons à votre raison pour nous aider dans l'accomplissement de ce devoir commun. Ne portez pas d'armes. Restez chez vous. Évitez les occasions de combats et de querelles.

En vue du bien de tous, il est entendu entre les consuls soussignés, que tous les cowas (police consulaire) auront les mêmes pouvoirs sur les étrangers sans distinction de nationalité.

Nous vous invitons à respecter notre autorité.

LES CONSULS

D'Allemagne............... Humbolt.
Autriche-Hongrie........... Suzzara.
Belgique .................. Barker.

| | |
|---|---|
| Brésil..................... | Nacouz. |
| Danemark ................. | De Dumreicker. |
| Espagne .................. | De Uncilla. |
| Etats-Unis................ | Menasce. |
| France.................... | Kleckowski. |
| Angleterre................ | Cookson. |
| Grèce..................... | Ranghabé. |
| Italie.................... | Machiavelli. |
| Néerlande................. | Anslyn. |
| Portugal.................. | Comte de Zogheb. |
| Russie.................... | Svilarich. |
| Suède et Norwège.......... | Bœdtker. |

Un journal du jour commenta cette proclamation. Que n'aurait-il pas dit s'il avait su que les consuls ordonnaient aux citoyens de remettre aux arabes des milliers de carabines, fusils et revolvers, leur propriété privée, désarmant ainsi leurs compatriotes ! Le journal dit :

Il est impossible de dire plus clairement à la population européenne qu'elle est entre les mains de l'armée. Trois bataillons et un escadron de chasseurs arrivent du Caire cette nuit. Si l'armée faisait cause commune avec la population, je vous laisse à deviner ce qui s'en suivrait. La flotte ne donne pas plus signe de vie que si elle était à deux cents milles. Les membres des différentes colonies ont tenu des meetings, protestant contre le massacre et en rejetant la responsabilité sur Arabi et ses acolytes.

Nous nous considérons pour le moment comme des victimes de la diplomatie européenne. Il nous reste à voir jusqu'où ira l'hécatombe dont nous sommes menacés de fournir le contingent.

Quelques-uns des consuls, signataires de cette malheureuse proclamation — malheureuse, parce qu'elle encouragea une soldatesque poltronne et traîtresse — étaient levantins, nés à Alexandrie, et s'étaient déjà assurés de leurs billets pour retourner en Europe, quand ils signèrent la proclamation. Dans le nombre était l'agent consulaire agissant pour les Etats-Unis, Baron Menasce, levantin et sujet autrichien, fils de l'agent titulaire qui était en Europe, son pouvoir ayant expiré plusieurs semaines avant.

A la requête du juge Barringer et du général Stone, avec d'autres membres de la colonie américaine, je fus chaudement recommandé pour remplacer M. Menasce, et je quittai le Caire pour lui succéder. M. Menasce, bien qu'embarqué, n'était pas encore parti. Quand j'arrivai à Alexandrie, M. Barringer, juge à la Cour d'appel, me dit avoir

essayé de lui faire comprendre combien le fait de
quitter son poste à un pareil moment serait sévè-
rement critiqué : « Monsieur, lui avait-il dit, si
vous faites cela, ce sera une basse désertion, et la
justice de votre gouvernement saura vous atteindre
en quelque lieu que vous alliez. » Il répondit :
« Ma sûreté personnelle m'est plus précieuse que
mes fonctions qui me coûtent beaucoup d'argent »,
etc., etc. A mon tour je lui conseillai de rester en
invoquant le sacrifice que j'aurais à faire de mes
intérêts personnels, si j'étais obligé de servir.
A tout ceci il répondit : « Je pars. Je suis tout à
fait effrayé de ce qui s'est passé. »

La *Gazette Égyptienne* du 24 juin dit : En raison
du départ de l'agent titulaire des Etats-Unis à
Alexandrie, la colonie américaine se trouve
abandonnée au moment où elle avait le plus besoin
d'un consul... Nous félicitons le colonel Long
de la nouvelle preuve d'abnégation qu'il a donnée
en acceptant, en ce moment critique, les
graves et délicates fonctions de gouverneur
d'Egypte.

Le matin suivant, comme une réplique aux lignes ci-dessus, parut un article dans le même journal, disant que des affaires urgentes avaient appelé
M. Menasce « auprès de son grand-père ».

Le rédacteur ajoutait à ceci : « *Quand on est consul, on ne doit pas déserter son poste, et aucun intérêt de famille ne doit faire violer sa mission. Nous maintenons ce que nous avons dit.* »

La lettre, datée du 15 juin, donnant ma nomination, était ainsi conçue :

Au colonel Chaillé-Long, le Caire :

J'ai l'honneur de vous informer que, sur la recommandation de la colonie américaine, de cette ville, et d'Alexandrie, en vue du présent état des affaires, vous êtes nommé au poste d'agent consulaire à Alexandrie, pendant l'absence de l'agent titulaire Baron B. L. de Menasce.

*Signé :* N. D. COMANOS.

Consul général des Etats-Unis.

Le jour qui suivit le massacre, Dervish alla à Alexandrie accompagné de Tewfik. Arabi les conduisit au chemin de fer, en voiture découverte, passant entre les rangs des soldats qui bordaient la route. Le Khédive était anxieux et pâle. Arabi donna à la foule excitée, rassemblée à la gare, l'idée qu'il menait à l'exécution le souverain qu'il avait en réalité remplacé. Tewfik, à son arrivée, fit afficher la proclamation suivante sur les murs d'Alexandrie :

En raison de l'incident de dimanche, aussi imprévu que regrettable, Sa Grandeur le Khédive, en vue de calmer les sentiments publics et de rétablir l'ordre, a daigné venir en personne à Alexandrie, accompagné de Dervish-Pacha. Sa présence dans la cité, et l'efficacité des mesures prises, assurent le maintien de l'ordre.

Par ordre du Khédive, le gouverneur d'Alexandrie a l'honneur de faire savoir au public — européens et naturels — que, la tranquillité rétablie, les affaires peuvent être reprises comme par le passé.

*Le Gouverneur d'Alexandrie.*

Il est inutile d'ajouter que ceci n'empêcha pas la fuite des européens et leur sortie du pays, surtout des syriens, qui, par leur longue expérience, flairaient le danger qui les menaçait.

# CHAPITRE XII

## Le Bombardement.

Le 14, les consuls se rendirent à Alexandrie avec leurs archives. Ce fut le signal d'une fuite générale. J'avais été choisi comme commandant de deux cent cinquante ou trois cents anciens soldats de toutes les nations, notamment des français qui, dit-on, resteraient pour la défense commune. On convint de tenir un meeting le matin du 13 au *café de la Bourse*, pour arrêter les mesures nécessaires. J'y allai. Quatre personnes seulement s'y rendirent. Le consul français, dans une circulaire adressée à son peuple, avait déclaré ne pas vouloir, dans les circonstances actuelles, prendre la responsabilité de les engager à rester, et nos volontaires avaient jugé plus sage de s'en aller avec la foule. Cette résolution était sans doute la plus raisonnable. J'allai à Alexandrie le 15, prendre la charge du consulat des Etats-Unis.

La confusion était indescriptible à la gare. Des milliers de réfugiés envahissaient les trains, qui n'arrêtaient ni jour ni nuit, emportant, serrée dans les wagons, une foule considérable que la peur affolait. De ce jour, jusqu'au bombardement, plus de cent mille européens quittèrent l'Egypte.

Tewfik, sous l'influence des consuls généraux d'Allemagne, d'Autriche, d'Italie et de Russie, avait formé un ministère composé de Rachid, Zulfikar et Zeky pachas, avec Ragheb-Pacha comme président du conseil et Arabi comme ministre de la guerre.

Ce compromis apparent fut inspiré, dit-on, par la politique humanitaire des consuls de tout faire pour éviter un massacre général, et gagner le temps de renvoyer leurs compatriotes du pays. La panique et la fuite, même pour la compréhension difficile du *prophète*, fut une preuve que si *l'Egypte* devait être *pour les Egyptiens*, le legs serait stérile, car *l'argent* et les *industries* étaient possédés par ce peuple qui *s'envolait*, lequel, depuis Méhémet-Ali, avait acquis un droit au sol, et était devenu aussi égyptien que le *fellah*. Le fellah donne au pays son labeur, l'européen son argent. Leurs intérêts sont ainsi identifiés, et, par conséquent, la fuite de l'européen et le retrait de son capital du pays étaient le commencement de la ruine du fellah. Le cri qui s'était élevé : « l'Egypte aux Egyptiens! » fut reconnu, mais trop tard, comme un piège et une déception.

Arabi était réellement alarmé. Il retourna au Caire et parada pour la première fois à cheval dans les rues, suppliant les européens de rester. La police sous ses ordres était particulièrement polie, et leurs *salaams* aux *nosorani*, que, quelques jours avant, ils appelaient des plus viles épithètes, étaient un contraste frappant avec leur ancienne insolence. Mais le sort était jeté. Les massacres du 11 avaient fait frissonner d'horreur le cœur du public, qui croyait qu'Arabi en était l'auteur.

Ne pouvant pas arrêter la panique il revint à Alexandrie. Je le vis quand il passa devant le consulat. Les européens qui n'avaient pas quitté — soit parce que les moyens de transport nécessaires n'étaient pas arrivés, ou qui, à cause de leurs affaires, espéraient encore quelque solution favorable — étaient groupés le long des rues. Arabi, imitant le Khédive, agitait sa main en guise de salut. Personne n'y répondit, tous restèrent les mains dans leurs poches, en silence et sans bouger, jusqu'à ce qu'il fût passé. Ce dédain n'était que trop apparent.

9.

Il m'avait vu, sans doute, et il envoya un marchand grec qui était dans ses bonnes grâces, me demander pourquoi les européens avaient refusé de le saluer. « Dites-lui, répondis-je, qu'ils lui attribuent la responsabilité du crime du 11 juin. S'il souhaite leur bon vouloir, et désire être considéré comme le vrai chef du parti national, qu'il fasse pendre, sur la Place des Consuls, Saïd-Bey Khandill, le préfet de police, avec cinquante de ses *naboutiers* (assassins) et tout le peuple des différentes colonies lui prouvera qu'il n'est pas du tout hostile aux aspirations libérales de son peuple, et il le soutiendra. S'il ne le fait pas, ils le considéreront, et cela doit être, comme l'auteur du massacre du 11 juin. » Le messager me dit depuis qu'Arabi lui avait répondu : « Je suis entre les mains de Dieu. » « Dites-lui de ma part, répondis-je, qu'il sera plus tôt qu'il ne pense dans celles du diable. »

Le marquis de G.. — en ce temps un des rédacteurs du *Phare d'Alexandrie*, m'a raconté, en parlant de ses relations intimes avec Arabi, qu'un jour, celui-ci lui avait dit : « Je serai à l'Egypte ce qu'était Méhémet-Ali, avec cette différence, que Méhémet-Ali était un esclave albanien, tandis que je suis bédouin, libre et plus instruit que Méhémet-Ali. »

Le marquis dit en riant : « Vous pouvez ima-
giner l'effet produit sur moi par cette déclaration,
car je savais qu'Arabi n'était pas bédouin, et qu'en
dehors de sa connaissance du Koran, il était absolument sans instruction. » La vanité du fellah est
amplement justifiée par cette prétention vulgaire
et ce manque complet de vérité.

Dans l'intervalle, entre le 15 juin et le 10 juillet,
j'étais occupé, avec l'approbation du contre-
amiral J. W. Nicholson, qui commandait l'escadre
américaine d'Alexandrie, à donner refuge à bord
des navires sous son commandement, aux américains, aux belges, suédois, arméniens, grecs et
autres, qui cherchaient la protection du consulat.
A ceux-ci, s'ajoutèrent beaucoup de français avec
leurs familles, qui vinrent à moi le jour qui précéda
le bombardement. Étant allés au Caire, ils avaient
trouvé leur consulat fermé. Les consuls, le 10 juillet de bonne heure, s'étaient rendus à bord des
navires déjà remplis et avaient abandonné ce peuple
aux brutalités sauvages qui suivirent, assurant
son assassinat et ajoutant ainsi aux innombrables
victimes qui, cachées dans leurs maisons, furent
ensuite traînées dans les rues et égorgées par la
populace. On ne saura jamais combien, mais des
centaines sans doute périrent de cette manière.

L'action prompte de l'amiral Nicholson, et la belle conduite des capitaines du *Lancastre,* du *Quinnebaug*, du *Galena* et du *Nipsic*, et des officiers sous leurs ordres, ont rendu le nom des américains, cher à tous les citoyens d'Alexandrie.

Le 3 juillet, l'amiral Nicholson m'informa officiellement afin que j'en prévienne les consulats des autres nations, qu'il tiendrait prêt un vaisseau et tirerait les coups de canon usuels le 4, pour saluer la commémoration de l'anniversaire de l'indépendance américaine. Le Khédive m'envoya son maître de cérémonies me demander s'il était possible que l'amiral renonçât au feu, la population arabe pouvant croire à un commencement d'hostilité. Je dis : « Mon ami, attendez ici, je vais vous faire connaître la décision de l'amiral, mais je ne pense pas qu'il accède à votre requête. » Le 4 juillet est le *Beiram* américain. Je vis l'amiral et, comme je m'y attendais, il dit : « Non, monsieur! je ne ferai pas cela. A-t-on jamais entendu pareille chose? »

Le fait est que, malgré la publicité donnée à la fête attendue, les arabes furent terriblement effrayés du bruit et s'enfuirent en grand nombre, jusqu'à ce qu'enfin, rassurés, ils revinssent enchantés de voir que ce n'étaient pas les fusils *Inglisie* redoutés.

Le colonel Macomb-Mason, officier américain, autrefois dans l'armée d'Egypte, était alors inspecteur de la surveillance cadastrale et vivait dans le district de *Fayoum*. Je lui avais écrit pour l'avertir de venir vite à Alexandrie. Il m'écrivit au dernier moment, me demandant mon opinion sur la situation, il n'avait évidemment pas reçu ma communication.

Alors je lui télégraphiai d'aller au Caire, de là à Port-Saïd, sachant que cette communication avec Alexandrie serait coupée dans les vingt-quatre heures. Mason resta toutefois, et, je suis heureux de le dire, il est encore le gouverneur égyptien actuel de Massowah.

La nuit du 9, le consul anglais me communiqua en personne la lettre suivante :

Alexandrie, 9 juillet, 7 heures du soir.

« Monsieur le Consul,

» J'ai l'honneur de vous informer qu'il serait bon que vous préveniez nos concitoyens d'avoir à quitter Alexandrie et à s'embarquer à bord des navires dans les vingt-quatre heures qui suivront cet avis.

» Avec mes sentiments d'estime et de considération.

Signé : W. CARTAWRIGHT,<br>» Consul de S. M. B. »

On se rappellera que, depuis le 4 juillet, Toulba avait renforcé les défenses. Le 6 juillet, l'amiral Seymour informa le gouverneur militaire qu'il fît cesser un tel travail. « J'ai à notifier à Votre Excellence, dit-il, que si on ne cesse de tels agissements, ou si, les ayant cessés, on les reprend, il sera de mon devoir d'ouvrir le feu sur les ouvrages en construction. »

A ceci, il reçut la réponse caractéristique suivante :

« A mon ami l'Amiral anglais.

» J'ai eu l'honneur de recevoir votre lettre du 6 juillet, dans laquelle vous m'informez que deux canons ont été braqués et que d'autres ouvrages se font au bord de la mer ; en réponse, je tiens à vous assurer que ces assertions ne sont pas fondées. »

Une puissante lumière électrique avait été jetée sur les forts de Saleh-Aga, Pharos et Silsileh et on avait découvert les soldats de Toulba travaillant avec ardeur.

La lumière électrique était plus forte que la véracité égyptienne. Le 10, l'amiral s'adressa encore à Toulba : « Je mettrai à exécution demain, au lever du soleil, les intentions que je vous exprimais par ma lettre du 6 courant, à moins que, avant cette heure, vous n'ayez désarmé les batteries de l'isthme de Ras-el-Tin et la plage sud du port d'Alexandrie.

A ceci, Ragheb-Pacha répondit :

« J'ai le regret de vous annoncer que le gouvernement ne trouve pas la proposition de Votre Grandeur acceptable... Néanmoins, pour prouver notre esprit conciliant et notre désir d'accéder, dans une certaine mesure, à votre demande, nous sommes disposés à démonter trois canons dans la batterie que vous mentionnez, ensemble ou séparément. Si, en dépit de cela, vous persistez à ouvrir le feu, le gouvernement réserve toute sa liberté d'action et vous laisse la responsabilité de cet acte agressif. »

La réponse à ceci fut brève et finale : « Je regrette de ne pouvoir pas accepter les propositions qui me sont faites. »

Il est important de noter que Sa Grandeur le Khédive présidait le conseil des ministres à Ras-el-Tin, le matin du 10, et donnait avec eux son adhésion à la défense de la cité. Dans ce mouvement toutefois, il adopta la cause d'Arabi. Ne peut-on pas demander alors, pourquoi le Khédive quitta Ras-el-Tin, le soir du 10, accompagné de sa maison civile et militaire, et se retira au palais de Ramlegh?

On avait dit que « si un canon était braqué sur Alexandrie, Tewfik lui-même viendrait se placer à la tête de l'armée et marcherait contre les ennemis ». Il ne le fit pas, et personne de sa maison militaire ne sortit pour aider Arabi, que son inexpérience et sa grossière ignorance rendaient impropres au commandement. Dans ce cas, il n'avait d'autre conseiller qu'un aventurier civil, Jean Ninet. Il serait curieux d'entendre Arabi à ce sujet.

Je reçus, le lendemain, la note suivante, de l'amiral Nicholson :

*Vaisseau-Amiral des Etats-Unis*, « Lancaster ».

Le 10 juillet.

Monsieur,

Il est possible que les hostilités commencent entre les forces de Sa Majesté Britannique maintenant dans le port et les autorités égyptiennes dans les vingt-quatre heures, à partir de quatre heures aujourd'hui. Vous voudrez bien prévenir les personnes qui désirent la protection du pavillon américain et qui y ont droit de se réfugier à bord des vaisseaux sous mon commandement.

*Signé :* J. W. NICHOLSON,

Contre-amiral, commandant les forces navales
des États-Unis.

Ce travail ardu se trouvait être le lot du consul des États-Unis qui, en plus du soin de ses propres protégés, assumait la responsabilité de centaines d'autres, incapables d'être reçus sur les vaisseaux de leur nationalité, déjà surchargés. J'ai été secondé par M. Latad, sujet italien, et M. Filus, natif de Corfou.

MM. François Lamotte et Paul Chaix, citoyens français et vieux amis, m'assistèrent volontairement dans ce labeur pénible, car, outre le transport de ces peuples et l'enregistrement des biens des *protégés* américains, personne n'aurait pu être reçu comme transfuge à bord sans un ordre du consul. Attachés au consulat comme secrétaires, ces messieurs rendirent de réels services.

« Ali », janissaire du consulat, mérite une

mention spéciale. Le janissaire est le *factotum* de chaque consulat. Armé d'un cimeterre et vêtu d'un costume turc aux brillantes couleurs[1] orné de dentelles et coiffé d'un turban brodé d'or, il est le Sésame ouvre-toi du consul. Ali était un pieux musulman, mais, en dépit de sa foi, ne refusait jamais les boissons, vingt-quatre heures de service au consulat américain l'avaient fait surmonter ce préjugé. Ali était né diplomate, et j'aimais, le soir, à causer avec lui d'Arabi : « Excellence, disait-il, l'ouvrage d'Arabi est l'ouvrage du diable. Par Allah ! c'est vrai. »

Il fut fidèle et dévoué pendant tout le temps qu'il servit le consulat et rendit de grands services. Il m'amena sa femme et ses enfants, j'offris de les mettre sur le vaisseau. Ils promirent de venir, puis disparurent soudain. Ali pleura amèrement disant avec beaucoup de sentiment : « Je ne les reverrai jamais. »

La vérité est qu'il les avait envoyés au Caire, dans la maison d'un parent, où ils étaient à l'abri du danger.

Le 10 juin, à dix heures du matin, tous les autres

---

1. Chaque consulat a un costume et des couleurs particulières pour son janissaire.

consuls, avec leur personnel, étaient embarqués sur leurs vaisseaux respectifs. Il n'y avait plus d'européens dans la cité, sauf ceux qui eurent la malheureuse inspiration de se cacher dans les caves — principalement les juifs syriens. Les employés de la banque anglo-égyptienne s'étaient barricadés dans leur bâtiment et résolurent de rester.

Il était environ une heure quand un officier américain vint interrompre notre frugal repas, composé d'oignons et de pain sec : « L'amiral, dit-il, attend depuis dix heures votre arrivée sur le vaisseau ; j'ai ordre de fermer le consulat et de vous requérir de m'accompagner de suite à bord. » Immédiatement, je plaçai sur la porte un placard ainsi conçu : *Par ordre supérieur, ce consulat est fermé jusqu'à nouvel avis.*

Accompagnés par les secrétaires et Ali, nous quittâmes le consulat pour nous rendre à bord, obéissant aux ordres péremptoires de l'amiral Nicholson. Les rues présentaient, à ce moment, un singulier aspect. Les boabs noirs, dont l'occupation était de garder la porte des européens, étaient maintenant inoccupés, car leurs maîtres avaient fui ; ils s'en allaient au milieu des soldats, qui, à intervalles de deux pas, occupaient la Place des Consuls, ou étaient postés dans les rues adjacentes.

Les consulats des autres nations étaient fermés depuis le matin de bonne heure, la ville paraissait abandonnée par tous les européens.

Le cocher qui nous conduisait au port m'était bien connu; Ali qui était assis sur le siège et lui, répondaient tranquillement aux menaces et aux insultes de la foule que nous étions « des amis et non les Inglisie », contre lesquels étaient dirigées les malédictions du peuple. Le cocher se tournant vers moi, dit : « Bey, Arabi est un fou, Wallah! Il a chassé les européens. Que ferons-nous de nos voitures? Ce n'est pas le fellah qui y montera. Nous mourrons de faim. » Je répondis simplement à la manière d'un oriental quand il approuve les arguments de son adversaire, mais veut éviter les commentaires : «Malech » (n'importe, c'était écrit qu'il en serait ainsi). Ce mot magique dans l'esprit des arabes clôt toute discussion et exprime sa soumission à l'inévitable.

Nous arrivâmes sans incident à la *Marina*, sur le quai, où attendait le bateau amiral, qui nous conduisit vite au bord du *Lancaster*, déjà en chemin et naviguant hors du havre.

L'amiral eut l'amabilité de m'inviter à devenir son hôte, mais ayant accepté l'hospitalité du capitaine Whitehead, je le rejoignis sur le Quinnebaug quand l'escadre eut atteint l'ancrage du dehors.

Les ponts des vaisseaux américains et de ceux de toutes les autres nations, couverts de leurs réfugiés, offraient une scène curieuse. Les costumes orientaux aux couleurs brillantes et variées, mêlés aux nuances plus sombres portées par les européens, présentaient un coup d'œil unique et pittoresque.

Comme l'escadre passait la flotte anglaise, on voyait des signes certains de la préparation à l'action. Pour parler le langage nautique du lieutenant commandant Goodrich, qui était debout pendant ce temps sur l'arrière pont du *Lancaster*.

Le bas gréement fut retiré à bord. Les perroquets du grand mât furent amenés, le beaupré rentré dedans, jusqu'à ce que le chouquet touchât la poulaine, laissant les focs hors du bord. Les vergues des hautes et des basses voiles furent laissées en haut.

A bord des canonnières les antennes furent baissées, les mâts de hunes serrés avec toutes les précautions nécessaires en pareil cas. Les hommes de chaque vaisseau étaient aux postes désignés pour le combat et, au milieu d'une salve, la musique du *Lancaster* joua « Dieu sauve la reine[1] », auxquelles

_______
1. *God save the queen.*

anglais répondaient par « Salut Columbia [1] ».

Un peu avant le coucher du soleil, l'amiral Conrad, commandant l'escadre française, salua de même en passant, puis, donna l'ordre du départ, et, naviguant dans la direction de Port-Saïd, fut bientôt hors de vue.

Cet acte étrangement impolitique dicté par la Chambre des députés provoqua, parmi les Français réfugiés sur le vaisseau, une véritable tempête de colère dénonciatrice. Un écrivain français a parlé ainsi de la conduite de la Chambre :

C'en est fait de nous, là-bas, sur la terre des Pharaons et des Méhémet-Ali. Pendant cinquante ans nous y avons semé et les anglais vont y recueillir aujourd'hui le fruit de nos labeurs. Plus d'un marin eut le cœur gros et maudit secrètement la pusillanimité nationale.

La Conférence qui avait été assemblée pour considérer quelle part serait prise dans la crise égyptienne, s'assembla le 23 juin à Constantinople. Chaque grande puissance était représentée par deux délégués, dont l'un était l'ambassadeur accrédité de la Porte.

Parmi les différentes propositions présentées, une collective fut soumise à la Porte, dans laquelle

1. *Hail Columbia.*

on demandait que le Sultan, agissant pour les grandes puissances, envoyât des troupes pour occuper l'Egypte pendant une période limitée à trois mois, la dépense serait aux frais de l'Egypte. La Porte refusa d'accepter cette proposition.

L'embarras et les jalousies des puissances, portèrent le sultan à espérer qu'il pourrait rétablir son autorité en Egypte. La conduite de Dervish, l'ambassateur turc, pour assurer ce résultat, n'était pas seulement connue dans *Downing street* mais la décoration d'Arabi, après le massacre du 11 juin, était attribuée à Dervish qui, en vue d'un *bon pourboire*, avait tenté de rendre la cause rebelle populaire à Constantinople.

Le sultan, dans le siège des califes au Caire, le Cheikh-el-Islam des Fidèles, constituerait, dans l'esprit du gouvernement anglais, une menace permanente à la paix de l'empire des Indes, et mettrait fin, pour toujours peut-être, à l'ambition anglaise sur l'Egypte. C'était moins pour punir le massacre des siens que l'Angleterre voulait bombarder Alexandrie, parce qu'il était nécessaire de devancer la politique de la Porte qui aurait été ratifiée par les puissances, si Dervish avait été plus énergique et moins occupé du *pourboire*.

Le danger était imminent, et l'Angleterre ne

l'a conjuré que par la soudaine présentation de son *ultimatum*. L'amiral Seymour, comme on a pu le voir, dans son rapport se décida à faire deux attaques simultanées contre les défenses ; une par le *Sultan*, le *Superb*, et l'*Alexandra*, sur la face nord de Ras-el-Tin, appuyés par le feu de la tour arrière de l'*Inflexible*, mouillé hors de l'entrée de la passe dite de la Corvette, enfilant ainsi les batteries du phare : l'autre par l'*Invincible*, *Monarch* et *Pénélope* des récifs intérieurs, qui aidés par le feu de la tour d'avant de l'*Inflexible* et le *Téméraire*, prirent position près de la bouée indiquant le chenal de Boghaz, ou passe principale conduisant au port d'Alexandrie. L'*Hélicon* et le *Condor* furent détachés pour le service des signaux répétiteurs, le *Chiltern* comme vaisseau télégraphique, et le *Beacon*, *Bittern*, *Cygnet* et *Decoy* furent employés comme mouches toute la journée.

Le matin du 11 se leva clair et sans nuage sur une mer calme et unie comme un lac. Dans le gris de l'aube, matinale on pouvait voir la flotte anglaise, manœuvrant pour prendre position. Ce fut un moment d'attente anxieuse et terrible pour les pacifiques réfugiés des vaissaux, qui devaient être témoins de l'emploi des plus lourds canons qui aient jamais été employés en combat naval.

A sept heures, le lourd grondement d'une décharge traversa l'eau, et une épaisse colonne de fumée annonça qu'Alexandrie avait ouvert l'engagement en réponse au signal de l'amiral à bord de l'*Invincible :* « Attaquez les batteries ennemies. »

Pendant quelques secondes, il y eut une suspension pénible. On pouvait voir distinctement les égyptiens à leurs pièces, tout-à-coup ils répondirent par une décharge qui gaiement traversa l'avant de l'*Inflexible*. A partir de ce moment, la flotte entière laissa aller une avalanche d'obus qui sifflant et éclatant, rivalisèrent avec le rugissement de lourds projectiles, faisaient un bruit assourdissant et terrifiant et vomissant la flamme et la fumée. Les vaisseaux furent vite enveloppés de manière à n'être visibles qu'à travers la vive lueur qui partait de leurs côtés. L'obstiné et rauque roulement du gigantesque canon se reconnaissait clairement. Sur la ligne, près de Mex, une terrible explosion eut lieu, un jet de flammes s'éleva, comme s'il eût voulu atteindre le ciel. C'était l'explosion d'une provision de poudre à quelque distance.

Devant Marabout, le *Condor*, commandé par Lord Charles Beresford, fit une splendide bataille contre les gros canons qu'on lui opposait. Il garda son vaisseau de bois constamment en mouvement, l'ennemi ne put le frapper qu'une fois dans l'avant et infliger un léger dommage dans les agrés. Il démonta un à un les canons du fort, avec tant de précision et de célérité, que sir Beauchamp le signala durant l'action « Bien fait, *Condor*. » Je vis le débarquement du lieutenant B. R. Bradford, de l'*Invincible*, avec une poignée de volontaires qui, sous la protection du feu concentré d'une canonnière, aborda malgré le ressac et détruisit avec de la dynamite deux canons rayés de dix pouces et encloua six canons à âme lisse dans la batterie de Mex. Ceci et l'action du *Condor* furent les trois épisodes remarquables de la journée. Sir Beauchamp dit du bombardement :

Un feu nourri fut maintenu de tous côtés jusqu'à 10 heures 30 du matin, quand le *Sultan*, le *Superbe* et l'*Alexandra* qui avaient été jusqu'ici sous chemin, levèrent l'ancre du fort du fanal, et de leur feu bien dirigé, assisté de celui de l'*Inflexible*, qui leva l'ancre et les joignit à 12,30, réussirent à faire taire la plupart des canons des forts sur Ras-el-Tin ; quelques lourds canons dans le fort Ada continuèrent un feu passager. A environ 1,30 de l'après-midi, un obus du *Superbe*, emporta l'arsenal et causa la retraite de ce qui restait de garnison.

Les accidents de la flotte anglaise [1] furent de six morts et vingt-sept blessés. Le matin du 12, les drapeaux de l'escadre furent placés à mi-mâts, et un bateau d'expédition envoyé en mer pour enterrer les morts.

La perte des égyptiens fut plus grande qu'on ne l'a dit; en jugeant par ce que je vis au fort Ras-el-Tin, elle ne peut pas avoir été moindre de cinq cents morts. Les soldats, à la bonne conduite desquels le commandant anglais décerna un tribut de louanges, n'étaient, pour la plupart, on s'en est assuré, ni *fellahs* ni *égyptiens*, mais des nègres de la Haute-Nubie et des régions du Nil-Blanc. Si l'armée d'Egypte toute entière avait été ainsi composée et commandée par des officiers européens ou américains, Arabi n'aurait pas pu être commandant en chef, et certainement la défense de Tel-el-Kebir aurait prouvé aux anglais qu'elle était autre chose qu'une parade.

---

1. Pour un rapport complet des opérations britanniques navales et militaires durant la campagne de 1882, le lecteur est renvoyé à l'ouvrage du lieutenant commandant Goodrich, de la flotte des Etats-Unis.

Un journal arabe, *El Taïf*, publié au Caire, parle ainsi du bombardement [1] :

Mardi, 25 Shaban, 1299 (11 juillet, 7 heures du matin) à minuit, les anglais ont ouvert le feu sur les forts d'Alexandrie et nous avons répondu.

A 10 heures, une frégate a forcé le fort Ada.

A midi, deux vaisseaux ont coulé entre le fort Pharos et le fort Adjemi. A 1,30 un vaisseau de guerre de huit canons, a sombré.

A 5 heures, la frégate a été frappée par une bombe du fort Pharos, la batterie a été abîmée et le drapeau blanc hissé comme signal de ne plus tirer sur elle ; là-dessus le feu a cessé des deux côtés, après avoir duré dix heures sans interruption. Quelques murs du fort ont été détruits, puis réparés durant la nuit. Les décharges d'artillerie des deux côtés s'élèvent à environ six mille, et c'est la première fois qu'un aussi grand nombre de projectiles ont été tirés en si peu de temps.

Le mercredi, à 11 heures du matin les vaisseaux anglais ont de nouveau ouvert le feu, les forts leur ont répondu ; mais après peu de temps le feu cessa des deux côtés et des parlementaires vinrent

---

1. Extrait du journal arabe *El Taïf*, du 12 juillet 1882.

de la part de l'amiral Seymour, faire à Toulba-Pacha des propositions qu'il ne pût accepter.

Le jeudi, à 9 heures du matin, un vaisseau de guerre anglais a été vu mettre une petite hélice à la place de la grande dont il s'était servi, et alors on a su que son hélice a été emportée par une décharge des forts.

Pour découvrir le motif du silence de l'ennemi, l'amiral Seymour, le matin du 12, ouvrit le feu sur le fort Pharos. Après plusieurs décharges, un pavillon blanc fut hissé au fort Ras-el-Tin. Un officier fut envoyé pour en savoir la cause ; il rencontra Toulba-Pacha, sur le yacht du Khédive, Mahroussah, amarré dans le havre intérieur. Toulba dit à l'officier qui l'accosta : « J'étais sur le point d'aller voir l'amiral. » Il lui dit que l'amiral ne pouvait pas communiquer avec lui jusqu'à ce que les batteries du Mex et d'Adjemi fussent rendues. Toulba répliqua : « Je dois communiquer avec le Khédive. » Une reddition fut demandée pour 2 heures ; Toulba demanda jusqu'à 3 heures démontrant l'impossibilité absolue de communiquer avec Tewfik à Ramlegh dans le temps donné par l'officier. Toulba demanda : « Que fera l'amiral anglais si nous n'acceptons pas ses conditions ? » « Il détruira toutes les fortifications » répondit l'officier. Toulba reprit : « Il n'y aura pas d'hommes dedans. » « L'amiral sera enchanté de le savoir, dit l'officier — car son but est la destruction des forts, non celle des hommes. » Toulba se dépêcha ostensiblement d'aller à Ramlegh, pour consulter le Khédive. L'officier anglais attendit son retour à bord du *Mahroussah*, mais il attendit en vain, car Toulba s'en alla à la grille de Moharrem-Bey, et là rejoignit Arabi. L'officier, dans son rapport à l'amiral, s'explique ainsi : « Dans mon opinion, le seul but était de gagner le temps nécessaire au soldat et à la canaille de piller et brûler la ville, sans craindre qu'une bombe égarée vînt troubler leurs opérations. » Commandant Brand, du *Bittern*, ajoute-t-il l'informa qu'au moins cinq cents hommes en lourd ordre de marche avaient évacué Ras-el-Tin pendant qu'il était à bord de *Mahroussah*.

Le reproche que l'on fait à l'Angleterre — à sir Beauchamp - Seymour — pour avoir permis la destruction d'Alexandrie, est justement mérité. Comme on le voit dans le rapport de l'aide de l'amiral, daté du 13, et vers le moment où les flammes furent aperçues, il mentionnait dans sa lettre la crainte qu'il avait de voir les rebelles brûler la cité. Pourquoi, a-t-on demandé, sir Beauchamp, sous l'abri de ses canons, n'a-t-il pas débarqué une force suffisante pour rendre impossible le pillage, l'incendie et les massacres qui suivirent.

On s'est assuré que l'Angleterre, pour des raisons politiques, désirait réellement la destruction d'Alexandrie. Sa population, mêlée de français, d'italiens et de grecs, ne représentait rien moins que les intérêts anglais. La cité brûlée sans espoir de reconstruction, ils seraient entraînés hors de l'Égypte. L'Angleterre pourrait bâtir sur ses ruines une cité anglaise où les anglais, seuls, seraient invités et encouragés à résider. Si cette conjecture est vraie, sir Beauchamp a bien mérité les honneurs qui lui ont été accordés par son pays. Autrement, il serait appelé à répondre devant un conseil de guerre de son action criminelle, peu dissemblable de celle du 4 juin. L'orgie du pillage, l'incendie, les assassinats auxquels se livrèrent les arabes après le bombardement, furent regardés par eux comme la défaite de l'amiral anglais. C'était, en réalité, une victoire pour les rebelles; car c'étaient les propriétés des chrétiens qu'ils avaient brûlées et les chrétiens qu'ils avaient massacrés.

La nuit du 12, d'épais nuages de fumée couvraient la cité comme un voile funèbre, et bientôt la voûte même du ciel sembla être une masse de feu. Le silence qui s'était établi sur le havre où était la flotte anglaise ne fut pas rompu, sauf par le mugissement des flammes et le craquement des tours et des minarets qui tombaient. Les étoiles se montraient, mais la fumée les cachait à la vue. La lugubre lumière produite par les flammes reflétait des milliers de formes fantastiques, sur les côtés des vaisseaux et sur la mer unie. Le flamboyant ennemi qui tenait la cité condamnée dans son embrasement fatal.

Le capitaine Whitehead et moi, de l'arrière du Quinnebaug, nous nous penchions sur la balustrade contemplant douloureusement l'horrible panorama qui s'étendait devant nous. Ceux des réfugiés qui avaient leurs maisons à Alexandrie étaient à moitié fous de chagrin au spectacle de cette destruction. Ceux qui s'étaient sauvés du Caire tremblaient au sort semblable que, sans doute, on réservait à cette cité. Au milieu des lamentations et des larmes de ces malheureux, l'inspiration me vint soudain d'aller dans la ville et de m'assurer au moins de la situation qui condamnait la flotte à l'inaction : « Pourquoi les anglais n'entrent-ils pas dans la ville? » avait été le cri universel et bien naturel des officiers et des civils depuis la cessation du feu. Le pavillon blanc avait été levé, les hostilités avaient cessé, et il était possible que l'ennemi eût évacué la ville; c'était néanmoins une bonne chose, sinon un devoir, de rétablir le consulat.

M. G..., correspondant d'un journal anglais, était l'hôte du capitaine Whitehead. Nous nous décidâmes à essayer d'entrer à Alexandrie. La fortune sembla favoriser notre dessein, car au même moment nous aperçûmes un grec qui passait dans un petit bateau. Nous le hêlâmes, le fîmes venir près du bord, et après avoir convenu du prix nous nous engageâmes à lui donner cent francs par jour pour ses services.

A cinq heures, le matin du 13, nous passâmes par dessus le bord. Les mariniers et matelots américains nous regardaient en silence. Ils nous auraient applaudis s'ils avaient osé, car l'essai semblait vraiment hardi et offrait de réels dangers. Le commandant nous serra amicalement la main quand nous dîmes « adieu ». — Oh! non, répondit-il, *au revoir!* »

Comme notre frêle esquif faisait lentement son chemin, guidé vers le port, par notre matelot grec, nous eûmes le temps de scruter le compagnon de notre entreprise. L'inspection ne fut pas rassurante. Il avait le regard exténué et atone et res-

semblait tout à fait à un pirate Je dis cela à G...
— « Oui, répondit-il, et regardez dans le fond de
son bateau, il y a toutes sortes de marchandises,
l'individu a « maraudé ». Ce n'était que trop vrai ;
nous étions destinés à plus d'étonnement quand
nous vîmes qu'il avait approché le bateau d'un
schooner à deux mâts, à l'air étrange, *fureteur*, au
bord duquel il y avait une quantité de grecs de
mauvaise mine, qui étaient sans doute les associés
ou collègues de notre batelier — en un mot, des
pirates. Nous l'avions interrompu, la nuit précédente, dans son œuvre de maraudage dans la cité,
sous le voile des ténèbres, et quand nous l'avions
hêlé, il revenait évidemment d'une nuit de « pillage».
Nous le fîmes rester loin du schooner, en le menaçant de le fusiller s'il n'obéissait pas avec empressement. Il cria à ses amis de ne pas l'attendre, et
obéit à nos ordres d'entrer dans le port.

C'était notre intention de raconter le fait à l'amiral britannique, mais quand nous revînmes, le
mystérieux bâtiment n'était plus là, et notre batelier, interrogé sur sa profession, affecta de ne
pas comprendre l'italien dans lequel nous lui
parlions. L'honneur d'être les premiers à rentrer
dans la cité devait être partagé avec notre batelier, qui était sans doute l'un des membres d'une

bande de pirates et de voleurs de profession, qui
exercent encore leur métier dans la Méditerranée
comme dans le bon vieux temps des pirates.

Comme notre bateau passait près de l'Hélicon,
l'officier de quart nous héla :

— Où allez-vous?

— Dans la cité, répondîmes-nous.

— Vous ne pourrez pas y aller, répliqua-t-il, il y
a danger par les torpilles.

Prenant une lettre de ma poche, je l'élevai et,
la touchant d'un air significatif, je dis : « officiel ».
L'officier, comme je le supposais, ne ferait plus
d'objection, s'il nous croyait agissant comme
porteurs d'une communication officielle. Ali, le
janissaire du consulat, que nous avions caché
dans le fond du bateau, était en uniforme et portait son sabre. Ceci était suffisant pour confirmer
nos prétentions dans l'esprit de l'officier : « C'est
bien » dit-il, et nous passâmes notre chemin. J'étais
embarrassé de l'objection au sujet des torpilles, car
je supposais, malgré les vanteries d'Arabi de faire
voler en éclats la flotte anglaise, qu'il n'y en avait
que quelques-unes dans Alexandrie, à même de
servir, et qu'elles étaient dans l'arsenal ; personne n'ayant été trouvé jusqu'au 10, capable de
les lancer, j'étais disposé à courir la chance.

Nous nous dirigeâmes vivement vers le palais de Ras-el-Tin. Abordant aux marches, on commanda à Ali de dégainer pour tenir le grec en respect. G... et moi prîmes, avec précaution, notre route à travers le chemin de passage qui était désert. Nous ne connaissions rien de la retraite de la garnison du Fort Ras-el-Tin, mais comme nous donnions un coup d'œil à travers la grille sur le chemin de passage du fort, nous fûmes obligés de nous rendre à l'évidence — çà et là un corps pourrissant de corruption ; des capsules, des boîtes de cartouches et des fusils étaient épars dans le plus grand désordre. Une bombe avait passé au travers de la partie du palais réservée au harem, et avait emporté la moitié de l'édifice. Le feu, quoique brûlant encore, était presque éteint.

Le Phare avait été atteint et battu en ruine par des éclats d'obus, et sa base était en partie enlevée. Les Armstrongs de 40 livres à propos desquels Arabi disait le matin du 10 : « Je noierai la flotte anglaise toute entière, en une heure, si elle m'attaque », étaient brisés et jetés dans toutes les directions. Ils étaient sur leur dos ou démontés et semblaient avoir l'air de chiens monstres assis sur leurs hanches, leur grand nez noir pointé en l'air, aboyant à la lune l'histoire plaintive de leur démonté. Il y en avait un autre complètement écrasé, qui était tombé sens dessus dessous, enterrant, sous sa masse colossale, vingt soldats ou plus. Ils étaient *fellahs* et, ce qui est important à remarquer, *leurs mains étaient attachées derrière leur dos.*

Retournant vite à notre bateau, nous quittâmes le palais pour la Marina, où amarrés au quai, étaient une quantité de petits bateaux dont les maîtres, des pêcheurs arabes, étaient avec Arabi, ou avaient fui de la cité. Là où, quelques jours avant, on entendait un bourdonnement de voix, régnait maintenant le silence de la mort, rendu plus sinistre par les corps effroyablement enflés des individus des deux sexes, qui avaient été massacrés et jetés à la mer. Nous passâmes au milieu de ceux-ci et approchant du quai avec précaution, nous abordâmes.

Le mugissement des flammes et le craquement des bâtiments qui s'effondraient rendaient la scène très dramatique. Comme de temps à autre, le vent balayait la fumée noire et étouffante, nous pouvions entrevoir les formes des misérables, qui, torches en main, voltigeaient çà et là, brûlant et *maraudant*. Le quai désert me permit d'approcher du coin de l'une des rues qui conduisent à la ville ; là, caché à la vue, je pouvais en sûreté épier leurs mouvements. C'était mon dessein de me procurer, autant que possible, des informations sur l'état actuel des affaires, et les allées et venues d'Arabi. Bientôt un arabe, les bras remplis d'objets pillés, vint vers moi en courant, avec le dessein évident de se débarrasser de son fardeau. Comme il passait, j'allongeai le pied et le frappai ; il s'étala par terre ; les cigares, cigarettes et le tabac, roulèrent dans toutes les directions. Sauter sur lui fut l'affaire d'un instant et, mettant mon revolver sur sa figure, je lui demandai en arabe : « Où est Arabi ? où est l'armée ? » Il commença par protester de son honnêteté et de son innocence : *Ana raghil tiib, ana mosh harami Wallah* (je suis un honnête homme, non un voleur, Dieu en est témoin). « Où est Arabi ? répétai-je d'un ton menaçant, dites-le-moi, ou je vous tue ! » Alors il dit : « Arabi est à la grille Moharrem-Bey, et l'armée, qui partit d'ici hier, le 12, après avoir incendié la ville, est maintenant postée près du canal Mahmoudieh. » Satisfait de savoir la vérité, je le laissai aller, il se releva et fit sa retraite en toute diligence sans daigner faire attention à ses provisions.

Me hâtant de rejoindre mes compagnons et Ali, qui me criaient que nous étions poursuivis, je regagnai le bateau juste à temps comme nous en avertit le sifflement des balles au-dessus de nos têtes.

En passant par le palais de Ras-El-Tin, pour nous rendre au vaisseau télégraphique afin de communiquer le résultat de notre *reconnaissance* dans la cité, nous remarquâmes que, en notre absence, on avait débarqué, et pendant que les éclaireurs cherchaient l'ennemi dans le rayon des forts, nous vîmes, à notre surprise, que le palais était livré au pillage. Les mariniers et matelots anglais étaient sous les ordres d'un officier, qui surveillait la mise dans les bateaux de riches rideaux de soie, de luxueuses couvertures de divans, des oreillers, des matelas, que je reconnus pour une partie de l'ameublement du palais. Les officiers sourirent à mes protestations et n'y répondirent pas.

Le *Chiltern* (vaisseau télégraphe) avait mouillé à dix millés de là. C'était quelque peu hasardeux d'y aller, avec la grosse mer qu'il faisait; mais G... et moi, décidâmes de le faire, et le grec qui affectait de nous être dévoué, nous appelait « maîtres » et disait : « Commandez, j'obéirai ». Il était environ huit heures quand nous atteignîmes le vaisseau, mais à cause de la grosse mer, nous ne pûmes l'aborder. Il fut nécessaire de passer nos dépêches dans un panier attaché à une corde, que nous jeta le *Chiltern*. G... envoya ses communications a Londres[1], pendant que j'adressais les miennes à New-York[2], au journal pour lequel je travaillais à mes dépens, afin d'aider le correspondant régulier, qui était gravement malade à bord du *Quinnebaug*.

Le manque de foi de « l'Eastern Telegraph C° » avec qui M. Burleigh avait eu récemment des démêlés, se montra même dans ce cas. Les dépêches envoyées par moi furent communiquées à l'amiral Seymour, et ne passèrent que plus tard, après la réception de celles envoyées par des sources plus favorisées. Une dépêche urgente qu'on m'adressait fut retenue plusieurs jours à bord du *Chiltern*, quoique mon adresse, naturellement, fût bien connue. Faut-il attribuer cette irrégularité aux « exigences militaires » ou au mauvais vouloir du directeur que sir Beauchamp priva de son office et renvoya?

Les nouvelles de l'évacuation furent reçues par l'amiral Seymour vers le temps qu'Ahmed-Tewfik-

1. Au « Daily Telegraph » et au « Morning Post ».
2. Au « New-York Herald ».

Effendi, aide de camp de Dervish-Pacha, et Zorab-Bey, aide de camp du Khédive, qui étaient allés au palais de Ramleh, vinrent à bord demander si l'amiral voulait recevoir le Khédive qui, dirent-ils, avait couru de grands dangers parmi les troupes qui l'avaient entouré.

Il paraît que Mustapha-Effendi Bimbachi, l'après-midi du 12, fit parader les troupes sous ses ordres et les fit conduire autour du palais. Quand Dervish l'envoya chercher, on prétend qu'il déclara: « Qu'Arabi lui avait ordonné de mettre à mort le Khédive et de brûler le palais. »

On dit en Egypte que ce petit *coup de théâtre* est l'invention de Dervish, et que Mustapha a été payé d'avance pour jouer la petite comédie et a accepté avec empressement l'argent et les bijoux offerts par le Khédive et les femmes alarmées du harem, comme prix de sa loyauté au vice-roi.

Dervish, comme sauveur du Khédive, s'assurait ainsi une bonne réception des anglais, qui auraient pu, autrement, être disposés à le rendre responsable de ses intrigues depuis qu'il était dans le pays — intrigues qu'on croyait qu'il avait formées pour son intérêt personnel, et sans l'agrément du Sultan.

Afin de confirmer cette version, Dervish et sa

suite, le matin qui suivit leur arrivée à Ras-El-Tin, se rendirent vite à Constantinople sur le yacht *Izzedin*. M. Mackensie Wallace, dans son livre sur l'Egypte, déclare que Dervish-Pacha, Ahmed Essad et Sebib-Effendi emportèrent en argent la somme de 1,000,000 de francs et, malgré une promesse solennelle de le partager également avec ses complices, Dervish le garda pour lui, pendant que deux des subordonnés vendirent au Khédive pour 5,000 et 10,000 francs chacune la clé des télégrammes chiffrés par lesquels le sultan communiquait avec ses ambassadeurs.

Le rapport suivant de Dervish-Pacha est traduit du turc. Si l'ambassadeur avait manqué de foi, et n'avait pas partagé avec Ahmed et Sebib, nous verrons qu'il était d'accord avec Arabi :

Pendant l'année passée, Arabi qui était colonel de l'armée, se plaignait qu'on confiait à des étrangers des fonctions égyptiennes, surtout à des anglais et des français qui recevaient de gros salaires, pour des devoirs purement nominaux. Ces messieurs, soutenus par leurs consuls respectifs et par les contrôleurs, s'étaient arrangés de façon à acquérir une grande influence dans l'administration égyptienne. Arabi, troublé par l'état des affaires, se détermina à former un parti. Il déclara que le

Khédive devait faire les démarches nécessaires pour
mettre fin à cet ordre de choses, qui n'était aucu-
nement le résultat d'obligations internationales.
Par cette remarque, Arabi montra qu'il connaissait
le respect dû aux conventions que l'Egypte a
acceptées. Le ministre de la guerre, à ce moment,
Osman Rifki, circassien de race, emprisonna Arabi,
avec deux colonels, ses principaux amis, Abd-el-
Al et Ali-Fehmy. Le jour où on les appréhenda,
deux régiments allèrent au ministère de la guerre,
avec l'intention de délivrer leurs chefs.

Par cet acte, Arabi gagna la confiance de l'armée
entière ; et, quelques mois plus tard, il entourait
le palais d'Abdin avec son régiment et demandait
par deux ambassadeurs — Ali Nizani Pacha et Ali
Fouad Bey — l'appel de la Chambre des notables
et un changement de ministère. Le Khédive céda
à cette demande ; la chambre fût convoquée, et le
ministère reconstruit. Arabi entra dans le gouvernement comme ministre de la guerre et de la marine, et les différends furent finis entre le Khédive
et lui. La Chambre des notables commença par
examiner les propositions du cabinet avant de
considérer le budget. Le bruit courut que la
Chambre voulait intervenir dans l'affaire des contrôleurs, ce qui fut contredit par une déclaration de

la Chambre elle-même. Arabi-Pacha voulait délé-
guer des officiers circassiens pour le service dans
le Soudan, mais ils refusèrent d'y aller. Ils se
réunirent au nombre de vingt-huit, pour préparer une pétition et la présenter à Arabi-Pacha ;
mais lui, croyant qu'ils tramaient contre sa vie, les
fit emprisonner ; un conseil de guerre les condamna
à être exilés dans le Soudan. La sentence fut soumise à l'approbation du Khédive, mais Sa Grandeur voulut commuer la peine, Arabi et le cabinet s'y opposant, les relations entre le cabinet
et le Khédive devinrent difficiles. A la fin, le
Khédive exila, à Constantinople, les officiers révoltés. C'était dans cette circonstance qui n'avait aucune importance internationale, que la France et
l'Angleterre envoyèrent leurs vaisseaux de guerre
à Alexandrie.

Le gouvernement impérial déclara plusieurs fois
que l'envoi de leurs flottes aggraverait la situation
et pourrait troubler la tranquillité du pays. Là-
dessus, Sa Majesté le Sultan envoya en Egypte des
ambassadeurs (dont nous avons fourni les noms) en
vue de réconcilier le Khédive et son cabinet. Arabi-
Pacha déclara aux envoyés turcs que son seul but
était le maintien des droits de Sa Majesté le Sultan
en Egypte, la continuation de l'autorité des firmans

impériaux, la préservation du *statu quo*, et la répression des abus de la part des étrangers qui ne faisaient pas partie des conventions internationales. Les envoyés, trois jours après leur arrivée en Egypte, réconcilièrent les autorités hostiles, mais, malheureusement, la présence des flottes, et une dispute entre un maltais et un ..... (le mot arabe n'est pas traduit) furent la cause des événements lamentables qui arrivèrent ensuite à Alexandrie. Tout le monde s'accorde à dire que les égyptiens n'avaient rien prémédité ; que les arabes ne se servirent que de bâtons, et que l'armée égyptienne, regardée comme rebelle, aida à arrêter le massacre. Il est aussi établi que, parmi les tués et les blessés, plusieurs égyptiens reçurent des coups de baïonnettes. Aussitôt que le Khédive apprit cette rupture au Caire, Sa Grandeur et les ambassadeurs du Sultan, accoururent à Alexandrie, et le Khédive prit les mesures nécessaires pour rétablir l'ordre et arrêter les coupables. Il institua un tribunal pour les juger, mais les consuls français et anglais refusèrent d'y assister.

Les autres consuls suivirent cet exemple. On ne peut expliquer ce refus, qu'en l'attribuant à un mauvais vouloir. Arabi-Pacha déclara, officiellement, qu'il se soumettrait aux ordres de Sa

Majesté le Sultan, aussi bien qu'à ceux du Khédive;
tous les notables, chefs de tribus et ulémas affir-
mèrent la même soumission. Pendant ce temps, le
Khédive chargeait Ragheb-Pacha de la formation
du ministère. Le président du cabinet déclara que
sa politique serait basée sur le maintien de la sou-
veraineté du Sultan, par des firmans, aussi bien
que par la continuation du *statu quo* de la con-
vention internationale. Le programme du nouveau
gouvernement comprenait aussi une amnistie
entière pour les personnes compromises dans l'affaire d'Alexandrie. Quoique les mesures nécessaires
pour le maintien de l'ordre public eussent été
prises, et quoique Arabi-Pacha se fût déclaré prêt
à obéir aux ordres du Sultan et du Khédive, les
résidents étrangers avaient commencé et continuèrent à quitter le pays. Les consuls, bien au courant
des efforts faits par le Khédive et le cabinet pour
maintenir l'ordre, n'empêchèrent pas l'émigration,
au contraire ils l'accélérèrent et l'encouragèrent,
et les derniers événements donnèrent plus d'im-
pulsion au mouvement. Nous avons vu maintenant
comment le Khédive et son cabinet arrivèrent à établir l'ordre et empêcher l'émigration. Mais certaines instigations et le refus des consuls de prendre part au procès des prisonniers, démontre qu'on

avait résolu de ne pas laisser clore la question égyptienne.

Lorsque tout fut terminé, et l'armée soumise, l'amiral Seymour prit une attitude provocante. D'abord, il se plaignit qu'on avait réparé les fortification. Le Khédive et Arabi déclarèrent officiellement (bien que l'Angleterre eût fait des préparatifs de guerre chez elle, et même à bord de ses vaisseaux dans le port) que le gouvernement égyptien et l'armée ne souhaitaient que le maintien du *statu quo* et ne faisaient aucun préparatif militaire. Cette assurance donnée, l'amiral Seymour revint à sa première discussion — c'est-à-dire, déclara que si, dans vingt-quatre heures, les travaux du fort ne cessaient pas, il ouvrirait le feu sur eux. Le Khédive et le cabinet répétèrent leurs déclarations, et proposèrent à l'amiral de les accompagner aux forts, pour vérifier lui-même l'absence de prépatifs. L'amiral refusa cette offre et, à l'expiration des vingt-quatre heures, il envoya un nouvel ultimatum, où il demandait le désarmement des fortifications et la reddition dans les vingt-quatre heures. Le Khédive se hâta d'assurer l'amiral qu'il ne pouvait consentir à cette demande, parce qu'il ne voyait aucune raison qui la justifiât. Là-dessus l'amiral, quatre heures avant l'expiration du temps fixé par lui, indifférent au principe du droit des nations, commença le bombardement. Voici un fait qui me semble fort singulier : non seulement les anglais et les français s'abstinrent d'envoyer des délégués au tribunal formé pour juger les émeutiers d'Alexandrie ; mais pendant le bombardement, l'amiral anglais fit feu sur le vaisseau où ces émeutiers étaient détenus, en tua plusieurs, pendant que les autres prirent la fuite. On ne peut guère penser que les obus de l'amiral anglais fussent dirigés en vue d'élargir les prisonniers ; sans doute, ces obus furent lancés dans un but spécial, inconnu pour le moment.

# CHAPITRE XIII

## L'occupation.

L'amiral Seymour dit dans son rapport :

Dans la soirée du 13, une bande de jaquettes bleues débarquèrent avec un canon Gatling et balayèrent des rues les arabes qui y pillaient et mettaient le feu à la ville.

En quittant le *Chiltern*, M. G... et moi retournâmes à bord du *Quinnebaug* où les signaux de la flotte avaient déjà appris la nouvelle de l'évacuation comme nous avions télégraphié. Nous fûmes reçus avec beaucoup de démonstrations de sympathie par les réfugiés, les officiers et l'équipage. Après avoir accepté un lunch que nous offrit le commandant, nous retournâmes dans la cité, où nous arrivâmes en même temps que les marins et les jaquettes bleues envoyés par l'amiral Seymour.

Apparemment ignorant la présence de ces

forces, les arabes étaient encore à l'ouvrage où nous les avions vus le matin.

Le Gatling était prêt à faire feu, et en quelques instants les rues furent nettoyées, mais un grand nombre d'entre eux tomba sous le feu rapide des mitrailleuses. Le détachement fit son chemin le long du quai jusqu'à l'arsenal. Là, je vis se dresser, à ma surprise, un homme en costume officiel — le stambouline et le fez — il s'approcha et, en réponse à ma provocation dit en arabe : « Je suis Mustapha-Bey, préfet de police, et je viens au-devant du Khédive, qui est en route de Ramleh. »

« Que dit-il ? » demanda mon compagnon qui ne comprenait pas l'arabe. Je repris : « Il se dit préfet de police. » « Le diable qu'il est », dit G..., et, tournant sur ses talons, il cria : « Soldats, vous avez devant vous l'infâme préfet de police du 11 juin ! »

« Halte ! ne tirez pas ! » eu-je juste le temps de dire comme vingt fusils ou plus couchaient en joue le tremblant Mustapha : « Cet homme n'est pas Saïd Khandil, mais son successeur et n'a rien de commun avec Arabi. »

Mustapha-Bey tomba sur le banc de pierre à la grille, et, quand il fut revenu de sa peur, nous dit ce qui était arrivé à Ramleh. A ce moment le

Khédive et ses compagnons escortés de Bimbachi, passaient sur la route allant vers Ras-El-Tin.

Habillé de blanc, chaussé de souliers de canevas de même couleur, mes habits étaient tout propres du matin. Les travaux du jour, la fumée et les cendres, joints à un accident dans le chavirement d'un bateau, avaient changé leur couleur en une teinte indescriptible. En un mot, mon costume n'était rien moins que présentable. Malgré cela, j'allai au palais, où le maître de cérémonies trouva mon costume très correct et me fit admettre en la présence vice-royale.

Parmi les nombreux européens qui avaient suivi la fortune de Tewfik-Pacha à Ramleh l'après-midi du 10, et qui étaient revenus avec lui, je vis assis sur le divan : le général Stone-Pacha, D<sup>r</sup> Abbate-Pacha et M. Dauphin. J'avais vu le général Stone pour la dernière fois le matin du 10. Il m'avait accompagné en visite au *Lancaster*, pour confier son fils aux soins de l'amiral Nicholson. M. Dauphin, citoyen français, était un vieil ami, pour lequel j'avais eu de grandes craintes durant le bombardement. Il avait refusé, au dernier moment, d'accepter l'hospitalité des vaisseaux américains pour lui, sa femme et son fils. Il me dit qu'il avait eu des moments durs, et que le D<sup>r</sup> Hassan-Bey de « l'Intendance sanitaire » l'avait invité à rester à l'hôpital avec lui. Quand le bombardement commença, un obus ayant emporté accidentellement un pan de sa maison, il pensa prudent d'aller à la recherche d'Hassan.

Les rues étaient remplies de sauvages hurlant, cherchant le meurtre et le pillage. Habillés des vêtements arabes, fournis par un serviteur fidèle, il fit son chemin, avec sa femme et sa fille, jusqu'à l'hôpital. Hassan-Bey, pour une raison quelconque, avait abandonné son poste ; et M. Dauphin dut chercher la sûreté ailleurs. Parmi les scènes de meurtres et d'odieuses brutalités, ils trouvèrent finalement leur chemin après avoir marché à pied, pendant quatre milles, ils arrivèrent au palais de Ramleh, où ils furent chaleureusement accueillis par Tewfik-Pacha. M. Dauphin me promit que, si Alexandrie essuyait un autre bombardement, il accepterait avec plaisir l'hospitalité au consulat américain.

A cause de l'incendie et des bâtiments croulants, on trouva impossible de pénétrer ce jour-là au cœur de la cité. Les troupes occupant l'arsenal et le quai, et des détachements furent envoyés pour faire la patrouille dans certaines rues non incendiées, afin de faciliter la locomotion. Ils tirèrent de là les assassins et les pillards, et quand ils prirent part à quelque action suspecte, les fusillèrent.

Le matin du 14, le capitaine Whitehead eut l'amabilité, malgré une mer très forte, de faire mettre un bateau pour me prendre à bord du *Lancaster*. Après avoir rapporté la *reconnaissance* de ce jour à l'amiral Nicholson, je dis : « La cité brûle et sera entièrement détruite si on ne fait pas d'efforts pour arrêter le feu. Je désire rétablir le consulat américain. » L'amiral répliqua : « J'irai dans le port intérieur et je vous enverrai des forces pendant le jour pour vous aider à défendre votre consulat et à éteindre le feu. »

L'enseigne de vaisseau Perkins avait été chargé de diriger le bateau qui nous conduisit à terre, mon secrétaire, Ali et moi. On lui enjoignit de revenir immédiatement après nous avoir débarqués. L'amiral désirait naturellement éviter tou acte qui aurait pu être interprété comme une participation avec les belligérants. Du moment, toutefois où le consulat serait rétabli, il n'y aurait pas de raison de s'abstenir d'entrer dans la cité que l'ennemi avait évacuée, d'autant mieux que l'autorité suprême, le Khédive en personne, qui était à Ras-El-Tin, avait invoqué la sanction des commandants des forces navales présentes, en vue d'assurer le rétablissement de l'ordre. Tewfik-Pacha fit personnellement cette demande à l'amiral Nicholson, et, depuis, il reconnut le service dans une lettre de remerciments adressée à l'amiral.

L'incendie avait suffisamment brûlé pour permettre le passage aux troupes qui se préparaient, comme nous débarquions à la Marina, à entrer dans la cité dans le but d'assurer son entière occupation.

Mon journal contient ces notes :

Le 14 juillet à 9 heures du matin, accompagné de mon secrétaire et d'Ali, j'ai frayé mon chemin sans entraves au travers de la fumée noire, suffocante, mélangée de poussière et de chaux. Dans beaucoup d'endroits, un mur de flammes jaillissait des fenêtres et des portes, et, s'élançant au travers des rues étroites, barrait le passage. Nous ne pouvions traverser qu'en grimpant sur les bâtiments brûlés et les murs tombés. Quand on regagnait les rues où, par endroits, le feu avait capricieusement glissé par dessus des maisons restées intactes, on voyait les débris disséminés des magasins pillés. Il y avait des sûretés de fer qui avaient été traînées hors des maisons, et les marques du ciseau et de la barre y étaient, ce qui montrait les essais infructueux pour les ouvrir dans certains cas. Les livres, les papiers étaient éparpillés dans la plus grande confusion, et on y voyait des taches de sang qui disaient leur histoire significative mieux que des paroles.

Un grand nombre de chats affamés se traînaient dans les rues et miaulaient plaintivement leur détresse. Il y avait des chiens à demi morts de faim, qui vous suivaient et vous mordaient au passage.

Nous rejoignîmes le détachement anglais comme nous émergions d'une rue près de Zaptieh. Des arabes étaient occupés à piller les corps de leurs victimes. L'officier commandant le détachement et la mitrailleuse maniée par les jaquettes bleues cria : « Donnez-lui un tour, enfants! », et, quand la fumée se dissipa, une masse de corps étaient empilés les uns sur les autres.

Au milieu de scènes semblables, nous atteignîmes la *Place des Consuls*. Ce square, autrefois magnifique, était un amas de ruines noircies. Il était difficile de reconnaître l'endroit qui, peu de jours auparavant, faisait l'orgueil des alexandriens. A travers la fumée et les cendres aveuglantes, on découvrait le consulat américain, l'église épiscopale voisine, et le Palais-de-Justice encore debout. Tout le reste était cendres, sauf la statue de Méhémet-Ali qui semblait regarder avec horreur les ruines qui l'entouraient.

A midi nous revînmes sur nos pas, ayant perdu de vue G... dans la confusion, les rues étaient presque impraticables à cause des bâtiments croulants.

Dans l'après-midi, quelques troupes des vaisseaux des États-Unis : *Lancaster*, *Nipsic* et *Quinnebaug* — selon la promesse de l'amiral Nicholson — abordèrent et occupèrent le consulat des Etats-Unis. Elles étaient composées d'une compagnie de soldats et de marins, d'un canon Gatling et d'une compagnie de matelots armés de fusils rayés dont la culasse chargeait trois pouces, et de troupes sous les ordres du lieutenant-commandant Goodrich, lieutenant-commandant Hutchings, capitaine Cochrane, et lieutenant Denny.

A la nuit tombante, accompagné du capitaine Whitehead, je retournai au consulat et le rouvris solennellement aux affaires. Il n'est pas nécessaire de dire qu'il n'y avait, à ce moment, à terre, aucun citoyen à protéger. La cité était consumée, et la chaleur, la cendre, la fumée étaient insupportables. On disait aussi que l'ennemi était encore sur le canal Mahmoudieh et un effort pouvait être fait à chaque instant pour reprendre la ville. L'officier qui commandait plaça le Gatling dans la porte d'un large corridor qui offrait des facilités pour la défense aussi bien que pour servir de quartiers à cent-soixante hommes qui composaient le détachement.

Nous trouvâmes deux femmes, une italienne et une grecque, gravement blessées, jetées dans la rue parmi les tués. Elles furent tendrement relevées par les soldats américains et portées au consulat. L'italienne avait été transpercée d'une barre de fer. Elles furent envoyées à l'hôpital et confiées aux soins des docteurs Ardouin et Dutrieux.

Le 15 juillet, Lord Charles Beresford a été fait préfet de police, avec le lieutenant commandant Barton Bradford comme député.

Ils ont leurs quartiers au Palais de Justice éloigné seulement de quelques pas.

Un grand nombre de réfugiés de toutes nationalités ont été débarqués de leurs vaisseaux respectifs et obligés de rentrer chez eux. La longueur du temps qu'ils sont restés à bord en a surchargé le commissariat et leur débarquement est nécessité par la raison qu'il faut diminuer les rations.

Les consulats anglais, français et autres, ont été totalement détruits, et les consuls généraux restent en conséquence à bord avec leurs subordonnés. Les réfugiés français et ceux de beaucoup d'autres nations étaient réunis sur la Place de Méhémet-Ali. Sous les rayons du soleil de juin, sans abri et sans nourriture, leur situation était réellement pitoyable. Le commandant Bradford ne voulut pas leur permettre de rentrer dans les maisons non brûlées à moins qu'ils ne présentassent un certificat ou un passe-port comme garantie de leur honnêteté. Il adopta cette mesure pour empêcher le *maraudage*, on dit avoir pris plusieurs blancs à voler. Les citoyens français furent grandement courroucés de ce qu'ils appelaient l'abandon de la part de leurs officiers consulaires. Ils vinrent au consulat américain, en demandant la protection du consul et menaçant d'envoyer à ce sujet, une pétition au ministre des affaires étrangères.

Le 15, le commandant Bradford m'a proposé d'agir en faveur des réfugiés, et de reconnaître mon certificat. Alors, avec les secrétaires, j'ai placé une table sur le côté de la promenade en face du consulat américain, et là, durant deux jours, du matin, jusqu'au soir, nous donnâmes des passeports aux demandants, que, pour la plupart, je connaissais personnellement, ou qui étaient garantis par les secrétaires et Ali, qui prenait beaucoup de plaisir dans ce service. Ali était très fier de l'importance de sa nouvelle dignité. Il disait : « M. le consul, faites, je vous prie, savoir au Khédive d'Amérique tout ce que j'ai fait pour son pauvre peuple. » Je le promis. M. B., consul général de Suède s'offrit volontairement pour me remplacer durant une absence de plusieurs heures. (Le gouvernement suédois l'a, dit-on, décoré depuis ce service). Le consul général était l'hôte de l'amiral pendant le bombardement, parce qu'il n'y avait pas de vaisseaux suédois dans le port.

Finalement, tombant de fatigue, j'envoyai un mot à plusieurs consuls et surtout à celui de France pour lui dire qu'ils devraient envoyer un représentant à terre pour s'occuper de leurs *protégés*.

Le 16. Les consuls revinrent et s'établirent où ils purent, dans les quartiers non brûlés.

Les officiers américains, commandants Goodrich et Hutchings, lieutenants Denny, Cochrane, Burnett, Graham, Waller, Dent, Smith, et les docteurs Gardener et Anderson ont travaillé avec une ardeur infatigable à éteindre le feu. Le consulat avait pris feu deux fois, l'église épiscopale et les bâtiments les joignant par derrière n'avaient été sauvés que par l'énergie et le dévouement infatigable des officiers et des soldats. Parmi les autres bâtiments sauvés par les efforts des officiers américains, sont le Crédit Lyonnais, la maison de Padoa et Borelli, le Palais de Justice, l'hôtel Abbat, en somme tout ce qui reste debout de cette partie d'Alexandrie.

Un marinier américain fut blessé pendant qu'il se tenait dans le corridor découvert du consulat, par une pierre jetée du bâtiment opposé. Une sentinelle donna l'alarme. On fit des recherches, un arabe fut trouvé caché dans une chambre, il tenait une torche enflammée avec laquelle il brûlait le bâtiment. On le sauva à grand peine de la fureur des soldats anglais, et on l'amena devant un conseil de guerre qui se tenait continuellement sur la Place du Palais de Justice.

Le prisonnier, les mains attachées derrière lui, gardait un silence stoïque, on s'apercevait facilement à ses manières que c'était un enthousiaste religieux. Son procès et sa condamnation furent faits immédiatement. Attaché à un arbre, le dos tourné vers la garde, les particuliers tirèrent et le sergent donna le *coup de grâce;* les cordes furent coupées et le corps jeté dans une des tombes ouvertes qui avaient été préparées, creusées côte à côte dans une longue rangée, sous les arbres qui servaient de poteaux pour attacher les victimes. Le procès, la condamnation, la fusillade et l'enterrement n'avaient pas demandé vingt minutes.

Arabi, dit-on, avait pris ces moyens de reprendre Alexandrie. L'homme qu'on avait tué, était un des nombreux soldats, qui habillés dans la robe (gallabiah) du fellah, venaient dans la cité portant des drapeaux blancs et se cachaient, la nuit, dans les maisons, essayant de compléter par le feu la destruction de la ville. Beaucoup furent pris sur le fait et fusillés. Les docteurs Dutrieux et Ardouin, que j'avais installés dans la maison d'Aïde, qui était devenu le quartier général de la commission sanitaire, se sont plaints et ont déclaré que si on ne cessait l'enterrement des corps sur la Place, ils ne seraient pas responsables de la peste qui devait s'en suivre.

Cette même nuit, lord Charles Beresford et le commandant Bradford sont venus au consulat. Lord Charles nous dit qu'Arabi faisait savoir qu'il attaquerait la ville avec des forces nombreuses, et qu'il avait soixante mille hommes à Méhallah et à Kafr-el-Dawar. Le préfet de police déclara qu'il n'avait pas assez d'hommes à terre pour résister, et, en conséquence, proposa de se rembarquer en cas d'attaque, et que les américains « emmenassent l'arrière-garde avec la mitrailleuse ». Les officiers proposèrent à leur tour que lord Charles se retirât d'abord au consulat américain, bâti avec une solidité remarquable et bien aménagé pour la défense. Les « américains » informés, du désir de lord Beresford, furent très heureux et exprimèrent leur enthousiasme par des vivat.

Cette nouvelle, dit-on, fit l'effet contraire sur les grecs et les russes, qui avaient débarqué ce jour-là pour rétablir leurs consulats. Ils firent leurs paquets, et, à neuf heures passèrent devant les gardes anglaises et américaines, descendirent le quai et se rembarquèrent. Les sentinelles et les soldats, qui virent cette retraite, ne purent s'empêcher de faire des remarques peu flatteuses sur cet abandon, au moment du danger. Les réfugiés s'alarmèrent et plusieurs d'entre eux s'échappèrent et retournèrent aux vaisseaux durant la nuit demander protection.

Pendant ce temps, on mettait le consulat américain en état de défense ; des matelas, des oreillers, une literie de toute sorte qui venait en grande partie des rues et que les arabes avaient laissés dans leur retraite précipitée, servit à boucher les fenêtres et les portes et, en quelques heures, la maison fut déclarée à l'épreuve contre Arabi et ses soixante mille hommes — du moins les soldats et matelots américains le disaient !

Les rebelles feignirent une attaque pendant la nuit sur la grille Moharrem-Bey. On dit qu'une mine avait sauté sur l'armée d'attaque, mais cela n'eut pas de signification particulière. Le vrai est qu'Arabi ne songea jamais sérieusement à revenir à Alexandrie.

Le 17, j'allai à cheval au fort Ras-El-Tin afin de procurer des nouvelles des batteries construites pour la défense de la côte en 1870, par mon ami le colonel Beverly Kennon, alors qu'il était officier dans l'armée d'Egypte.

Le fort était de forme circulaire et souterraine, il montait un canon, chargé à culasse et rayé de 40 livres, sur une voiture de passage et une plate-forme à contre-poids. Après le feu on devait le descendre au fond de la fosse où étaient situés les arsenaux, la chambre aux obus et les quartiers. Pour empêcher les obus de tomber, il était désigné à avoir une tour conique. Cette admirable batterie dont on devait la construction au génie et à l'habileté du colonel Kennon, officier de marine expérimenté, n'avait pas servi et, à en juger par la quantité de poussière qui couvrait le canon et remplissait presque le puits, personne ne l'avait visité depuis le jour où Kennon, las des intrigues égyptiennes, donna sa démission et retourna en Amérique.

Le 18. Il sera intéressant de mentionner ici un singulier caractère, une figure familière aux alexandriens et qui m'était connue « Nikor le Philosophe ». Nikor était fou, et les gens fous de n'importe quelle caste ou religion sont tenus pour saints et protégés par les musulmans. Est-ce à cause de ce fait qu'il évita le couteau d'un assassin, pendant les rudes journées des 11, 12 et 13? Dans l'abandon de la cité, personne n'avait pensé à Nikor. Il se cacha dans le kiosque derrière la statue de Méhémet-Ali. De sa cachette, il fut témoin des scènes d'horreurs qui se passèrent autour de lui et, à quelques pas, il vit le colonel Suleiman-Daoud donner l'ordre d'incendier la ville. Plus tard, il vint près des potences et regarda Suleiman, quand il fut pendu pour le crime qu'il avait commis un an avant.

Nikor vint à Alexandrie, il y a un peu plus de quinze ans. La raison ne l'avait pas complètement quitté quand il arriva et les bons alexandriens écoutèrent l'histoire de ses malheurs avec sym-

pathie. Né de riches parents, il fut confié à des
prêtres arméniens qui le volèrent et l'aban-
donnèrent. En vain, chercha-t-il à se faire rendre
justice. Personne ne voulut embrasser sa cause. Il
vécut pendant quinze ans à Alexandrie, de la cha-
rité publique, ne demandant jamais l'aumône,
mais acceptant la piastre offerte ; il s'était établi
un tarif, et rendait la pièce si elle dépassait la valeur d'une piastre ou vous faisait la monnaie.

Son appétit est simple, excepté en matière de
pâtisserie dont il est très gourmand. Il a la singulière habitude de rester pendant des heures, un
pied levé et reposant sur un genou. Affublé dans
un manteau épais et des pantalons, invariablement
tournés à l'envers, il est toujours nu-tête et nu-
pieds. Le *sobriquet* de « Nikor le Philosophe » lui
a été donné parce qu'il a porté, durant toutes ces
années, une très large pierre (la pierre philosophale) sous son bras pendant le jour, et elle lui
servait d'oreiller la nuit quand il se repliait pour
dormir sans autre couverture que la voûte du ciel
et d'autres compagnons que les chiens des ba-
layeurs dans la rue.

Il vint au consulat le 14 juillet, son apparence
émaciée, presque cadavérique, disait pleinement
sa souffrance. On lui donna de la viande et à boire,

puis, Nikor s'en alla aussi silencieusement qu'il était venu. Je remarquai qu'il ne portait plus la pierre philosophale. Quelle révolution opérée dans son esprit l'avait fait négliger le trésor qu'il avait porté pendant des années ?

Étaient-ce les scènes au travers desquelles il avait passé qui lui avaient enlevé sa philosophie ? Quoi qu'il en soit, on ne put pas faire approcher Nikor de sa cachette dans le kiosque, mais cela ne l'empêche pas d'aller ailleurs à sa ronde accoutumée et de songer aux *pâtisseries* toutes les fois qu'il le peut, avec la même voracité qu'autrefois.

Le 20. Les massacres de Tantah ont causé beaucoup d'excitation à Alexandrie. Tantah est la troisième cité d'Egypte, située sur la ligne du chemin de fer du Caire à Alexandrie, à mi-chemin, entre ces deux cités. Elle a une population de soixante mille hommes, principalement des musulmans, mais parmi lesquels se trouvent aussi beaucoup de grecs, syriens, juifs et un certain nombre de français et d'italiens. Cela a été un endroit attrayant, pour les voyageurs, durant les *fêtes* qui ont lieu tous les ans en l'honneur du saint, Cheikh Saïd-el-Bedaoui, le patron des femmes stériles, qui font des pèlerinages annuels à sa tombe et là, invoquent son aide.

Le gouvernement des Etats-Unis était représenté à Tantah par M. Dahan-Dahan, à l'air grave et distingué. Dahan est un chrétien, et a été honorable et digne dans son office consulaire. Il quitta Tantah après le massacre d'Alexandrie guidé par son expérience de syrien et connaissant la férocité des fanatiques ignorants, il était sûr que Tantah n'y échapperait pas, des menaces ayant été faites par les *fiki*[1], depuis plusieurs mois et annonçant les massacres chrétiens et juifs. Dahan, n'ayant pas de sujets à protéger ferma son office et vint à Alexandrie.

Le docteur Fredda, médecin italien, depuis plusieurs années dans l'intendance sanitaire d'Egypte, fut, de plusieurs centaines, un de ceux qui restèrent à Tantah. Le devoir fut l'une des considérations qui le décidèrent à rester, l'autre c'est qu'il ne pouvait croire que le doux *fellah* avec lequel il avait été en termes d'amitié voulût lever la main contre son bienfaiteur. La suite prouva combien cette confiance était illusoire. Le 13 juillet, des trains remplis de butins ramassés à Alexandrie, amenèrent aussi la masse des malheureux dont les sanguinaires appétits ont été aiguisés dans les scènes passées quelques jours

—————

1. Prêtres musulmans.

avant. Egarés de craintes et ivres de fanatisme religieux, ils envahirent Tantah aux cris de : « Mort aux chrétiens. »

Les européens, hommes, femmes et enfants, furent saisis, liés avec des cordes, et traînés à travers les rues, leurs membres arrachés de leurs corps, et suivis par des femmes leurs viscères arrachées de leurs entrailles et attachées à leurs cous, en ornements dérisoires. Comme si cela ne suffisait pas à combler la mesure de leur hideuse brutalité, ils battaient et réduisaient en gélée la chair de leurs victimes.

Le docteur Fredda me dit que, de sa cachette, il vit ces scènes, et il ajoute avoir vu une femme couper la chair d'un enfant vivant encore, et l'offrir en vente en faisant la mimique, comme au marché : *achterez laham betaï nosorani* (achetez la chair d'un chrétien), *wahad girsch el oke* (une piastre le kilo).

Minchoui-Bey était un musulman ayant beaucoup d'amis chrétiens à Tantah. La nuit du 13, à la tête d'une bande de bédouins, et quand ces hideuses boucheries furent à leur paroxysme, Minchoui s'élança au milieu des démoniaques assassins et, formant carré, arracha les victimes de leurs mains sanglantes ; on tira de leurs cachettes plus de quatre cents chrétiens. Il les conduisit sains et saufs jusqu'à Ismaïlia et Port-Saïd, et de là, ils arrivèrent à Alexandrie. Dans la distribution des médailles, décorations et titres accordés par le gouvernement anglais après l'occupation, il eût été juste de récompenser Minchoui pour son acte d'humanité et d'héroïsme.

*Le 10 août.* — Menasce m'écrivit me demandant d'assumer le contrôle de sa propriété. Sa résidence de ville, large et élégante construction, avait été saccagée par les arabes. Malgré ceci, j'en ai mis le général Stone et sa famille en possession et j'ai aussi écrit au Juge et à madame Barringer, leur offrant une partie de la maison quand ils reviendraient d'Europe. Les maisons étaient à primes et les loyers avaient doublé et, sans le magnifique faubourg qui contient une collection de résidences qui s'étendent le long de la mer, et connues sous le nom de Ramleh, il aurait été impossible à Alexandrie de suffire à ses habitants.

L'ordre ayant été enfin rétabli, l'amiral a décidé de retirer la garde du consulat et ils se sont rembarqués. L'attitude des naturels continue, toutefois, à être d'une défiance obstinée.

*Le 18 août.* — Comme d'habitude, après les travaux du jour, je suis allé, pour me récréer, faire une promenade en voiture près du canal, où chaque après-midi, le train couvert de feu était poussé en avant vers Méhallah, le poste avancé d'Arabi. La canonnade qui s'ensuivit fut très meurtrière, et les alexandriens s'en seraient amusés, sans la déplaisante précision des batteries de Méhallah. Accompagné d'un correspondant anglais et du secrétaire du consulat, nous allâmes rapidement sur la route de Gaboin, à six heures de l'après-midi, environ. Après avoir passé la nouvelle poste anglaise, d'une distance assez considérable et au détour d'une rue, nous fûmes surpris de voir une foule d'arabes. Le quartier étant isolé, cela parut suspect. Je cherchai mon pistolet, et, à mon effroi, je découvris que, pour la première fois, je n'étais pas armé, l'ayant, par oubli, laissé dans mon nécessaire. Au cri des saïs (groom) : « Ouarda ye, geddah » (regardez, ô hommes !), les arabes firent volte-face, et prirent une attitude menaçante, nous barrant le passage de la route. C'était évidemment une attaque préconçue. Fouettant mon cheval d'un énorme fouet, pour forcer le passage, nous nous précipitâmes dans la foule, et, la traversant, nous renversâmes et passâmes par dessus un de leurs camarades. En un instant la masse, composée de quarante

hommes ou plus, tirèrent des *nabouts* cachés sous
leurs robes, et avec des cris de « moutou ! » (tuez-
le !) ils se jetèrent sur nous. Avertissant mes amis de
ne pas bouger et de tirer leurs revolvers, je sautai
de la voiture, très basse et ouverte dans laquelle
nous étions assis, et je m'élançai vers l'homme qui
paraissait être le chef, et qui avait saisi la tête du
cheval, luttant pour le rejeter sur la voiture. Avec
un fouet pesant, je lui portai un violent coup
qui l'étourdit; il tomba, mais, se relevant, immédiatement prit la fuite. La foule furieuse s'avança
vite vers moi, et m'accoudant à un mur de pierre,
je me défendis avec l'énergie du désespoir. C'était
le *nabout* contre le fouet, et le dernier était le plus
fort. Pendant ce temps, mes amis les ajustaient
avec leurs pistolets, ce qui eut pour résultat de
les tenir en respect. Finalement, les soldats anglais, attirés par les cris de la foule, vinrent à notre
aide au pas accéléré. L'officier arrêta le chef du
parti, qui était grièvement blessé, mais le reste se
sauva. Bien que couvert de sang et de poussière
durant la mêlée, je n'avais pas reçu une égrati-
gnure. Le commandant fit une accusation contre
le prisonnier et quelques jours après, je fus appelé en conseil de guerre comme témoin contre lui.

Le président de la cour, un pacha fidèle au

Khédive, et les membres arabes étaient peu soucieux de montrer de la pitié. L'accusation, adressée par un officier anglais, aurait pour résultat, j'en étais certain, de faire pendre l'accusé. Je plaidai pour sa vie et le fis relâcher. Le pacha insista, toutefois, pour que le prisonnier fût bastonné. L'arabe, du chagrin profond, passa aux transports de joie ; et, quand je passai dans la chambre, me bénit avec les invocations les plus extravagantes et essaya de couvrir mes mains de baisers.

La raison de cette attaque n'a pas été absolument démontrée, mais on a dit qu'ayant trompé Arabi dans son attente de la destruction complète d'Alexandrie, on avait décidé de me saisir et de m'emmener prisonnier à Kafr-el-Dawar.

Le consul général, agissant pour les Etats-Unis, a été pendant plusieurs années vice-consul général des Etats-Unis en Egypte. Il est, c'est étrange à dire, un *riah* grec (sujet turc). J'ai reçu de lui la communication suivante et je la cite, non seulement pour les informations qu'elle contient, mais pour son originalité. Elle est ainsi conçue :

Port-Saïd, 24 août 1882.

« Mon cher colonel Long,

» J'ai reçu votre lettre et suis content de vous

savoir en bonne santé. M. Menasce est arrivé ici, ce matin, par le bateau de Brindisi et est parti pour Alexandrie par le vapeur égyptien. Je l'ai vu pendant quelques instants seulement, car il faisait si chaud aujourd'hui que je n'ai pu sortir.

« Les officiers égyptiens sont maintenant ici, car à Ismaïlia a commencé l'attaque régulière, chaque jour nous avons des mouvements de troupes et hier sont arrivés ici Zorab-Bey, Dulier-Bey et quelques autres officiers de la garde royale désignés par S. G. le Khédive pour suivre et accompagner le général Wolseley et ils étaient très satisfaits.

« Quand je vous ai vu donner votre démission, j'ai pensé que vous accompagneriez les troupes d'Ismaïlia, qui marchent vers le Caire. M. M... m'a dit que vous lui aviez écrit que vous aviez besoin de vous en aller ; j'ai immédiatement pensé que vous vouliez suivre la campagne anglaise de la part du Khédive, comme officier d'état-major, et acquérir une nouvelle réputation d'excursionniste et faire nos rapports ; pour cela, j'ai pensé que vous étiez pressé de résigner vos fonctions consulaires, à cause de l'expédition anglaise en Egypte, qui aura bon succès à la fin, et certainement chaque officier, outre le bon renom qu'il acquerra, recevra aussi des grades et des décorations du gouvernement anglais. Si les mouvements militaires se continuent avec autant de vivacité que cette semaine, je crois que bientôt nous irons d'ici au Caire, si on ne le brûle pas.

« Hassan, m'a dit que le fils d'Ali, aussitôt qu'ils arrivèrent au Caire, alla à un village pour rencontrer sa famille ; il n'en revint jamais, n'envoya pas de nouvelles ; peut-être resta-t-il au village.

« Je dis à Hassan, quand il retourna, d'essayer de savoir quelque chose de lui ; mais maintenant, malheureusement, depuis l'occupation de Port-Saïd, la communication entre le Caire et l'intérieur est entièrement interceptée et nous ne pourrons plus recevoir de nouvelles, sauf quand les anglais prendront Tel-el-Kebir, et marcheront directement sur le Caire.

« Très sincèrement.

« COMANOS. »

Le 17 août, je résignai le poste provisoire que j'avais accepté d'urgence. Le consul général nommé au mois d'avril n'était pas encore venu prendre sa place[1] et l'agent consulaire à Alexandrie était encore

1. Le Congrès a aboli récemment l'office de consul général des États-Unis en Egypte. Le département de l'État, cependant, désigna M. Comanos comme consul des Etats-Unis au Caire.

en Egypte. L'office de ce dernier n'était pas salarié
et à cette époque le travail et la dépense tombèrent
nécessairement sur moi. J'écrivis à Menasce, in-
sistant pour qu'il revînt et à son arrivée, le 26, je
lui rendis les archives.

Dans une lettre de démission, je saisis l'occasion
d'informer le département de l'Etat de la bonne
conduite des officiers et soldats américains. J'ai
dit que lord Charles Beresford, chef de police, et
le lieutenant-commandant Bradford, son député,
m'avaient tous deux personnellement exprimé leur
appréciation sur l'aide-général donné par les américains et plus loin avaient déclaré que, sans un
tel aide, le Palais-de-Justice, le Crédit Lyonnais,
la Bourse et en fait tout ce qui reste de la Place
des Consuls et les environs, y compris le consulat
américain, auraient été inévitablement détruits.

L'amiral Nicholson, sans m'en prévenir, avec
une grande courtoisie, adressa au département la
lettre suivante. Cela a, en conséquence de ce fait,
une valeur spéciale.

*Vaisseau Amiral* « Lancaster »

Alexandrie, le 15 Juillet 1882.

« Hon : William E. Chandler, secrétaire de la navigation départementale et de la navigation, Washington, D. C.

« Monsieur,

« Puis-je recommander par vous à l'attention du département des Etats-Unis et exprimer la haute opinion que j'ai du consul général agissant à cette place, le colonel Chaillé-Long? Il était infatigable en aidant les pauvres réfugiés avant le bombardement et depuis a continuellement essayé de toute manière d'être utile aux intérêts des Etats-Unis. Il n'a pas *déserté* de bonne heure son consulat, mais est resté à son poste, jusqu'à ce qu'on lui *commandât* d'apporter les archives à bord du vaisseau.

« Le consulat des Etats-Unis sous sa direction fut aussi le premier rouvert à bord ; au fait, ses services ont été dans le passé et seront, je crois, dans le futur, de nature à mériter la considération du département.

« Votre très respectueux,

« J. W. A. NICHOLSON,

Contre-amiral commandant les forces navales des Etats-Unis en Europe. »

Plus tard, je reçus la lettre suivante du département des Etats :

Washington, 8 septembre 1882.

« Monsieur,

« J'ai à vous accuser réception de votre communication du 17 courant, touchant votre démission de la position d'agent consulaire agissant pour les Etats-Unis à Alexandrie, auquel vous avez été récemment promu et donnant un intéressant compte rendu de la condition passée et présente des affaires d'Egypte.

« En acceptant votre démission, je suis heureux de vous dire que le département a une haute appréciation de vos précieux et si humains services rendus dans l'intérêt de l'humanité pendant les récentes opérations actives à Alexandrie et pour lesquelles je désire vous exprimer mon approbation et vous remercier.

« Je suis, monsieur, votre obéissant serviteur.

« *Signé* : W. HUNTER,

« Secrétaire agissant. »

L'auteur n'a pas essayé de suivre en détail une campagne qui n'a réellement pas de droit sérieux à être appelée ainsi. C'était purement une promenade militaire pour les anglais et, comme telle, a servi de manœuvre, un peu coûteuse il est vrai, à toutes armes civiles et militaires.

Arabi était le commandant en chef de l'armée égyptienne et était aussi considéré comme prophète par ses adhérents *fellahs*.

Il se montra très mauvais soldat et très mauvais prophète et ses anciens conseillers de l'Université d'El-Azghar parlaient avec beaucoup d'amertume de la vanité de l'homme qu'ils avaient tenté d'inspirer.

Avec une force estimée à 50,000 hommes de toutes armes, y compris un grand nombre de bédouins montés, capables d'excellents services, il ne fit pas d'essai sérieux pour inquiéter ou renvoyer à leurs vaisseaux les quelques cents hommes qui, disséminés le long du canal Mahmoudieh, à Ramleh, tenaient Alexandrie dans les premiers jours de l'occupation. Arabi avait certainement lu en arabe le récit qu'Omar faisait à son fils qu'il y a trois choses qu'on ne peut pas retrouver dans ce monde : « une flèche lancée, une parole dite et une occasion perdue ». Trois semaines d'inertie ont été l'occasion perdue et cependant le conseil négligé d'Omar avait averti Arabi qu'il ne la retrouverait jamais.

Sir Garnet Wolseley, commandant en chef de l'armée expéditionnaire, arriva en Egypte le 15 août.

Le 19, sous prétexte d'une attaque d'Aboukir, mise en circulation pour mieux décevoir l'ennemi, sir Garnet, agissant avec l'amiral Seymour, occupa le canal de Suez. M. de Lesseps protesta en vain de sa neutralité. Son opposition au débarquement des troupes françaises à Port-Saïd, sous l'amiral Conrad, avait été soutenue par le ministère français, malheureusement pour les intérêts français. Même à ce moment, si les français avaient affirmé leur autorité, ils auraient réparé l'erreur de leur inaction du 11 juillet et le double contrôle aurait été rétabli dans des circonstances exceptionnelles pour la France; l'Angleterre, seule, porterait encore l'odieux qui s'attache à elle, pour l'incendie d'Alexandrie. Ce fut une occasion perdue. On dit que M. de Lesseps circonvint Arabi au point de lui faire croire que l'Angleterre respectait la neutralité du canal, et c'est pour cette raison que le canal fut laissé intact. On a peine à concevoir une telle simplicité, et à comprendre pourquoi Suez aurait été sans défense, quand on s'attendait à y voir aborder le redouté contingent indien. Suez découvert, le canal abandonné, l'ennemi pouvait assiéger le Caire aussi bien que Tel-el-Kébir.

Il est bon, toutefois, pour l'Egypte qu'Arabi ait joué sa fortune à Tel-el-Kébir. S'il était retombé sur l'extrémité du Delta, il aurait détruit la grande vieille cité du Caire — perte irréparable — et aurait fait une bonne retraite sur la haute Egypte, où il aurait pu prolonger la lutte et prêter à sa cause une telle dignité, un tel prestige, que cela aurait suffi pour lui gagner un titre au sceptre d'Egypte et au manteau de prophète maintenant porté par le Mahdi. Mais le sang mameluk de Mourad et d'Yusef-Bey ne coulait pas dans les veines paresseuses du fellah, il ne pensait qu'à la fuite et à sa sûreté personnelle.

Au lever du soleil, le matin du 13 septembre, sir Garnet, avec 11,000 baïonnettes, 2,000 sabres et soixante fusils de campagne, attaqua Arabi dans ses ouvrages qui s'étendaient à une distance de presque trois milles et demi au nord d'une pointe sur le canal, à un mille et demi, est, de la station du chemin de fer de Tel-el-Kébir.

Les forces rebelles consistaient en 38,000 hommes y compris 6,000 bédouins irréguliers, cinquante-neuf pièces de siège et la position occupée par eux était très forte.

L'indolence et la négligence de l'oriental ont été

greffées en lui par le climat ; toutefois son fatalisme est un don de sa foi, car toute chose, même le service militaire, vient d'Allah (Dieu) et le tout-puissant *bokra* (lendemain) est le péché positif des égyptiens. Doit-on s'étonner, dès lors, que les anglais l'aient trouvé, le matin d'une attaque, profondément endormi dans les tranchées ? Le général Wolseley écrit :

Il n'y a pas de règles pour diriger les mouvements dans une marche de nuit au désert, en conséquence il nous faut diriger notre course en prenant pour guides les étoiles. Ceci fut bien et correctement effectué et les brigades, en tête de chaque division, atteignirent chacune les travaux de l'ennemi à une couple de minutes l'une de l'autre. L'ennemi était complètement surpris, et ce ne fut que lorsqu'une ou deux de leurs sentinelles avancées déchargèrent leurs fusils qu'ils nous crurent à proximité de leurs travaux. Toutefois, ceux-ci furent vite garnis d'infanterie qui ouvrirent un étourdissant feu de mousqueterie, et leurs fusils prirent immédiatement part à l'action.

Le lieutenant-commandant Goodrich dit :

Les régiments noirs, composés des nègres du Soudan, ont été particulièrement remarquables par leur aplomb, se battant bravement corps à corps

13.

avec les anglais ; avec plus d'intelligence et moins de poltronnerie dans les grades supérieurs, on aurait pu faire de ces hommes une armée formidable.

Arabi et son second en commandement se sauvèrent à la première alarme et montant leurs coursiers, s'enfuirent à toute bride jusqu'à Bulbeis, là ils prirent le train qui, dit-on, les attendait, et arrivés au Caire, proposèrent à leurs amis de brûler la cité. Mais la proposition rencontra peu de faveur, car le Caire est une cité essentiellement arabe, et la plus grande partie des biens appartiennent aux riches naturels. Alexandrie, au contraire, était presque entièrement européenne.

Sir Garnet dit, dans son rapport :

Le résultat de la bataille de Tel-el-Kébir a été l'entière chute de la rébellion. La seule place qui ne soit pas encore rendue est Damiette et sa prise ou reddition pourra être aisément effectuée à notre loisir.

Les hommes de l'armée rebelle, ayant déposé leurs armes dans leur fuite, sont maintenant dispersés chez eux, et la contrée revient si rapidement à sa condition ordinaire de paix, que je suis à même d'assurer la fin de la guerre et d'affirmer que l'objectif pour lequel cette portion de l'armée de Sa

Majesté a été envoyée en Egypte a été entièrement accompli.

La perte des égyptiens a été d'environ 2,500 hommes dont la plus grande partie est tombée en fuyant devant les sabres de la cavalerie britannique. La perte des armées anglaises n'est que de cinquante-sept tués, y compris les officiers.

Une poignée de cavalerie du contingent indien, sous le major-général Drury Lowe, entrèrent au Caire dans l'après-midi du 14. La garnison d'Abbasieh, forte de sept mille hommes, jeta ses armes et se rendit à l'approche des anglais, tandis qu'on envoyait l'infanterie montée contre les trois mille hommes qui gardaient la citadelle. Avertie de leur approche, la garnison en sortit et se dispersa, et quand l'infanterie arriva, elle ne trouva d'autres occupants que les prisonniers politiques et des personnes suspectes, que le chef rebelle avait donné l'ordre d'incarcérer. Le Caire, l'El-Kahirah (victorieux) s'était soumis sans résistance, ce n'était plus la cité des califes et du vaillant Yusef-Saladin, dont l'ombre se reflète encore dans la citadelle qu'il a bâtie, et d'El-Azhar, où son esprit est supposé reposer : c'est la cité du fellah.

Sir Garnet, en quittant l'Angleterre, avait fait, dit-on, le pari qu'il serait au Caire le 16 septembre et de retour à Londres pour accepter un dîner dans le courant d'octobre. Il entra au Caire par le chemin de fer le 15, et retourna en Angleterre à temps pour réclamer la gageure faite. Les critiques de l'expédition anglaise en Egypte ont vu, dans cet incident, une corroboration à l'accusation que ce sont les souverains anglais qui ont capturé le timide Arabi plutôt que la valeur non contestée du soldat anglais, et l'habileté reconnue de sir Garnet.

L'épilogue de cette odieuse *bouffonnerie* ne fut pas moins étrange que les actes qui l'avaient précédée. Arabi, Mahmoud-Sami, Toulba, Fehmi et Nadar, après la simulation d'un plaidoyer de culpabilité, furent condamnés à mort, mais comme c'était convenu en même temps, la sentence fut commuée en un exil à Ceylan.

L'enquête et le procès des chefs rebelles établissaient leur culpabilité absolue. L'Angleterre toutefois, pour des raisons politiques, désira succéder à Arabi comme chef du *parti national*, et sa lettre aux égyptiens, les confiant aux soins de ses bons amis les anglais, est une rare exhibition d'hypocrisie et de servilité. C'était un juste abrégé, toutefois, au mouvement qui n'avait jamais été que burlesque.

Le 1ᵉʳ septembre, j'acceptai l'aimable invitation du commandant Whitehead, du *Quinnebaug*, et du lieutenant-commandant Barbour, qui représentait le mess des officiers, de retourner avec eux à Nice. Le voyage en Europe fut exceptionnellement agréable, et les amitiés contractées au milieu des horreurs d'une citée assiégée furent resserrées par les joyeuses associations qui marquèrent mon passage sur le navire.

# CHAPITRE XIV

## L'interrègne.

Dans le mois d'avril de l'année dernière, des affaires importantes exigèrent mon retour en Égypte. Alexandrie était encore une masse de ruines, desquelles d'innombrables chantiers de bois s'élevaient pour les transactions des affaires. L'Angleterre n'avait rien fait pour le payement des indemnités, les habitants souffraient et étaient à peine à même de subvenir à leurs besoins encore moins de commencer la reconstruction de leurs maisons.

Le 13 janvier 1883, le gouvernement égyptien, six mois après le désastre, donna le décret suivant :

« Nous, Khédive d'Egypte ;

« Attendu que nous avons décidé de donner des indemnités aux victimes de l'insurrection qui a eu lieu en Égypte depuis le 10 juin 1882, d'accord avec notre décret du 4 novembre 1882, et selon l'avis de notre Conseil des ministres et l'agrément des pouvoirs intéressés ;

« Décrétons :

« Article premier. — Une commission internationale est constituée, avec le pouvoir exclusif de recevoir et examiner les demandes des victimes de l'insurrection, qui a eu lieu en Égypte le 10 juin 1882, et de décider, sans appel, sur chacune de ces réclamations, les confirmant ou le refusant en fixant une indemnité.

« Art. 2. — Les pertes indirectes, les pertes de bijoux, d'argenterie, œuvres d'art ou d'antiquités, bons de sécurité de toutes sortes, rentes ou récoltes, ne donneront droit à aucune indemnité.

« Néanmoins, la perte de bijoux, argenterie, œuvres d'art, antiquités en magasins pour la vente ou en gage chez un tiers, peut donner droit à l'indemnité, pourvu que l'existence des articles perdus puisse être prouvée par les livres de commerce, ou des documents écrits ayant une date positive. D'autres moyens de preuves ne seront admis que dans des cas exceptionnels, et quand la commission le jugera absolument nécessaire.

« Les propriétaires de récoltes en magasins ou prêtes à battre, et que les rebelles se seront directement appropriées ou auront détruites, seront indemnisés.

« Les indemnités des bâtiments seront calculées sur la valeur des édifices avant leur destruction.

« Art. 3. — La commission sera composée comme suit :

« Deux membres nommés par le gouvernement égyptien, le président et le vice-président ;

« Un membre nommé par chacun des gouvernements de France, d'Austro-Hongrie, d'Allemagne, de Grande-Bretagne, d'Italie, de Russie, des États-Unis et de Grèce ;

« Un membre nommé par entente entre les gouvernements belges, danois, espagnols, néerlandais, portugais, suédois et norwégien ;

« Si le dernier membre n'est pas nommé au moment du meeting de la commission, dont la date sera fixée par un décret futur, devant paraître simplement à la suggestion de notre Conseil des ministres, il y sera procédé malgré cela ; mais, dans ce cas, un délégué spécial des nations non représentées prendra part dans les délibérations et les décisions de la commission, quand les intérêts de l'un des sujets de cette puissance sera en discussion. Si le délégué est lui-même un réclamant, la commission demandera un des délégués des pouvoirs non représentés pour prendre part aux délibérations.

« Art. 4. — La commission décidera, en tout cas, par l'absolue majorité des votes, et si les votes sont égaux, le président aura la voix prépondérante.

« Cela sera légalement compétent pour faire toutes les décisions, même en l'absence d'un ou plusieurs délégués.

« Cependant, quand une demande d'indemnité sera faite devant la commission, en l'absence du délégué de la nation auquel appartenait le demandeur, le délégué sera prévenu ; mais son absence ne retardera que de quarante-huit heures l'examen de la cause.

« Art. 5. — La commission devra, sur emploi, ouvrir un compte courant avec notre Conseil des ministres pour les fonds nécessaires à la continuation de son travail.

« La commission aura pleins pouvoirs pour procéder à l'investigation des demandes qu'on lui présentera, et pourra associer à ses travaux les personnes dont l'assistance semblera nécessaire.

« Art. 6. — Le temps, la manière, les moyens

de payer les indemnités accordées par la commission seront fixés plus tard.

« Art. 7. — Nos ministres sont chargés, chacun en ce qui le concerne, de l'exécution du présent décret.

« Donné, dans notre palais à Ismaïlia, le 4 Rabi-el-Ewel, 1300.

« Signé : Méhémet-Tewfik.

« Le Président du Conseil des ministres

« Chérif. »

On a donné une très libre interprétation à l'article 6, quant au temps, manières et moyens de payement de ces indemnités ; car, pas plus tard que le 11 août 1884 — comme il résulte de récentes dépêches — une députation de demandeurs indignés, sont allés, au nombre de cinq cents, au consulat anglais, protester contre leur non-payement.

Il est difficile de comprendre pourquoi aucun des membres de la commission n'a été décoré. Le Khédive désira, toutefois, conférer une marque de faveur spéciale à un certain nombre des membres de la commission. Cela ne pouvait se faire, vu l'insuffisance de leurs services, sans un manque de courtoisie envers les autres. Lui, alors, avec une naïveté vraiment orientale, les a tous décorés!

Sous le nom de dommages indirects, les peintures, les œuvres d'art, les bonds, les reconnaissances avaient été écartés comme demandes légitimes. Cette injuste distinction fit beaucoup de mal, et personne n'en souffrit plus que mon distingué ami, le juge Barringer, de la Cour d'appel, dont j'avais essayé de sauver la maison le 14, sachant bien la valeur de son contenu.

Un journal publié à Alexandrie, le *Phare d'A-lexandrie*, avait écrit, durant mon absence, une série d'articles, intitulés : *Histoire contemporaine*, écrits par un auteur anonyme.

Les services rendus au peuple et à la cité par les officiers américains, les soldats et les marins, avaient été oubliés ou attribués à d'autres. J'envoyai une communication à la *Gazette égyptienne*, dans laquelle cette omission était notée et les faits relatés ici affirmés, et j'ajoutai la lettre suivante, reçue vers le même temps comme l'irréfutable évidence de mon assertion :

« Greenwich, collège naval-royal, 24 avril 1883.


« Mon cher colonel Chaillé-Long,


« Excusez, je vous prie, mon retard à répondre à votre lettre du 11 courant, mais elle vient de me parvenir. Si ma mémoire est bonne, j'arrivai au tribunal le matin du 15 juillet, et je vous trouvai avec un détachement d'américains déjà en possession du consulat. Pendant que je suis resté, j'ai reçu de vous, et des officiers et soldats du *Lancaster*, la plus grande assistance pour rétablir l'ordre.

« L'assertion publiée dans le *Phare d'Alexandrie*, que le détachement américain retourna à bord, est incorrecte et je suis sûr que les remercîments de la population européenne vous sont dus pour le zèle et l'énergie que vous déployâtes pour les remettre en possession de leurs maisons. Vous étiez toujours à votre poste, prêt à assister tout le monde, sans égard de nationalité, et je puis dire qu'aucun homme n'a travaillé autant que vous pendant cette semaine mouvementée. Je vous remercie de votre assistance, ainsi que de celle de vos officiers et soldats, et aussi de l'amabilité que nous reçûmes de votre part. Avec les meilleurs souhaits pour votre santé, croyez-moi votre sincère.

« Barton R. Bradford,<br>« Commandant R. N. »

De sir Edward Malet, ministre plénipotentiaire de Sa Majesté Britannique, j'ai reçu la lettre suivante :

« Le Caire, 27 mai 1883,

« Cher colonel Long :

« Cela me fera grand plaisir d'expédier une copie du contenu de votre lettre du 24 à lord Granville par la première malle anglaise. J'espère, aussi, que vous me permettrez de saisir l'occasion de vous exprimer le haut sentiment que j'ai des services que vous avez rendus immédiatement après le bombardement d'Alexandrie.

« Votre très fidèle,

« EDWARD MALET. »

Peu après et bien qu'elle fût inattendue de moi, je reçus la lettre suivante datée de :

« La maison du Khédive, Ras-el-Tin, 25 juin 1883.

« Cher Bey,

« Par ordre de S. A. le Khédive, je viens vous prier de vouloir bien venir cet après-midi au palais du Ras-el-Tin.

« Votre dévoué,

« TONINO-BEY.
« Maître des cérémonies. »

Chaillé-Long, Bey,

Sa Grandeur Tewfik-Pacha me dit : « Colonel,

je vous confère la croix de *Commandeur de l'Os-manieh*, comme un gage de l'estime que j'ai, ainsi que le Sultan, pour les grands services rendus par vous à l'Egypte, et particulièrement immédiate-ment avant et après le bombardement.

Vers ce temps, lord Dufferin, déclarant que l'Egypte était incapable de supporter la défense du Soudan, conseilla l'évacuation de la contrée, et la reconnaissance de l'autorité du Mahdi.

Il dessina les limites physiques et politiques de l'Egypte, aussi bien qu'Assouan au nord, et il est important de noter que la presse anglaise, avec une unanimité singulière, répéta la proposition de lord Dufferin, ajoutant « que ce n'était par l'af-faire de l'Angleterre de se battre pour l'Egypte, excepté dans l'Egypte proprement dite ». A ce moment, Chérif-Pacha, président du conseil des ministres, était importuné pour faire une conces-sion à une compagnie anglaise, pour construire un chemin de fer de Suakin à Berber. — Berber étant dans le territoire que lord Dufferin proposait de céder au Mahdi.

J'allai voir Chérif un matin et je le trouvai à son ministère, entouré d'anglais demandant la con-cession. Il me salua avec cette cordiale familia-rité qui le distingue. « Colonel, me dit-il, ne donnerez-vous pas à ces messieurs votre appréciation, sur la possibilité de percer la route de Suakin? » Je répondis : « Certainement! Dans mon opinion, chaque intérêt en Egypte, économique ou politique, défend sa construction. La route, durant deux cent quatre-vingt huit milles de longueur, passe à travers un désert rocheux et sablonneux, avec une eau insuffisante et le pays est absolument infructueux. Il faudra une armée de cinq mille hommes pour le protéger contre les Amhra, Bisha-reen et autres tribus, dont on éveillerait l'animosité, pour ne rien dire des invasions des ennemis ordi-naires de l'Egypte, le long de la frontière. Dans la vallée du Nil, la route inachevée projetée par Fowler, ne présente aucun de ces obstacles; son achèvement est absolument nécessaire au dévelop-pement de la Haute-Egypte et de la Nubie — l'ir-rigation et les besoins de la contrée le long du Nil. La communication directe avec le Soudan, l'abri d'une irruption de l'ennemi au delà des limites de l'Egypte est ainsi obtenue. Khartoum, à une dis-tance de trois ou quatre jours de chemin de fer, sera, en fait, une cité égyptienne et un grand centre de commerce. Faites partir la route de la mer Rouge, et le commerce du Soudan sera détourné de l'Egypte. Suakin deviendra port anglais. »

Il y avait peu de crainte que Chérif, qui avait sincèrement à cœur les intérêts de son pays, accordât la demande de ceux qui voulaient la route de Suakin. Mais Nubar est encore en Egypte, et Nubar est aussi anglais qu'égyptien. Plus que cela, il est américain et ambitieux et alors l'Angleterre bâtira sans doute la route de Suakin à Berber, à moins que les événements à venir ne diminuent son pouvoir en Egypte.

Un acte restait pour conclure le drame de l'année précédente, Suleiman-Daoud-Bey avait été arrêté sur l'une des îles de la Méditerranée où il s'était réfugié. Nous l'avons vu avec Moussa-el-Akhad, quitter le Caire avec la mission de massacrer le matin du 11 juin. Le 12 juillet, sous la protection du pavillon blanc hissé sur le fort par Toulba, il s'asseyait sur sa chaise en face du consulat français et, fumant tranquillement une cigarette, donna l'ordre de piller et de brûler la ville.

Suleiman était en prison, et apprenant ma présence à Alexandrie, il m'envoya prier de le visiter; il désirait que je le défendisse devant le conseil de guerre, où il allait bientôt comparaître. Je n'avais pas l'intention de le faire, mais, cédant à la requête de M. Hoyami, qui remplissait les fonctions de mon secrétaire, et qui avait connu Suleiman depuis des années, j'allai à sa prison où il m'attendait avec anxiété.

Il me dit : « Vous, Bey, vous étiez officier de l'armée égyptienne. Je désire que vous me défendiez. Tout ce que j'ai fait était d'après les ordres d'Arabi, voilà ma défense. Arabi a été acquitté et exilé. Je le serai aussi, car le gouverneur m'a fait dire que j'étais destiné à Massowah. Je donnerai deux mille francs à mon conseiller pour améliorer cette prochaine sentence, car je ne désire pas quitter l'Egypte. »

« Daoud, repris-je, je puis ne pas entreprendre votre cause ; mais non pas vous décevoir. Il vous faut un conseiller expérimenté. Un de mes amis, un avocat distingué à Paris pour les causes criminelles, vous défendra si vous m'autorisez à l'envoyer chercher ; mais non pour la somme que vous offrez, trop minime pour s'y arrêter. »

« Combien cela me coûtera-t-il ? »

« Vingt-cinq mille francs », répondis-je.

Il rit à ceci et dit : « Je donnerai trois mille francs, et pas plus. Je suis certain d'être exilé. »

« Fort bien, repris-je, me tournant pour le laisser, si vous prenez conseil, laissez-moi vous engager à ne pas mentionner l'ordre d'Arabi. Rappelez-vous, Daoud, que vous n'êtes pas dans les sou-

liers d'Arabi : il est à Ceylan, et, avant d'y aller,
il s'est vendu à l'Angleterre, pour sauver sa vie.
On peut permettre au gouvernement d'Egypte de
faire de vous un exemple, puisqu'il ne l'a pas fait
avec votre maître qui était sans doute le vrai cri-
minel. » Daoud fut visiblement affecté par mon
franc diagnostic de sa situation, et me demanda
d'un ton excité si je savais rien de positif quant
aux intentions du gouvernement, par rapport à
lui. « Non, dis-je, je ne sais pas, mais telle est ma
conviction ». Il me remercia, comme M. Hoyami
partait et, rassuré, me dit : « Je suis sûr que le
gouverneur avait raison, je ne serai qu'exilé. »

Quelques jours après, dans une large chambre
du palais du gouverneur, au milieu d'une foule
compacte, Hoyami et moi nous assîmes près de
Daoud, amené pour son procès. Son conseil, dans
un examen préliminaire, avait fait exception à la
règle de la cour, quant à l'admission de certains
témoins et au dernier moment se retira de la
cause.

Le ministère public était un jeune turc qui fut
amer dans sa dénonciation du crime atroce, que la
défense avouait avoir été commis par l'ordre
d'Arabi. La cour se retira pour délibérer et fut à
peine absente vingt minutes. Ils revinrent ; au mi-

lieu d'un profond silence, le président annonça un verdict unanime de mort. Raouf-Pacha, que j'avais dernièrement vu à Gondokoro, était président de la cour ; il fit signe aux gardes de saisir le condamné et de l'emporter, pendant que le jeune avocat turc tombait sur la face en fondant en larmes.

Quelques jours après, à l'aube et pendant que la cité était endormie, je fus éveillé par un bruit inaccoutumé, et regardant par ma fenêtre, située à quelques pas, je vis une troupe de soldats anglais et une autre d'égyptiens se faisant face autour d'un échafaud, qui avait été dressé en hâte. Un homme, inconscient en apparence, fut élevé en haut, pendant qu'on lui ajustait un nœud autour du cou. Le caisson sur lequel il était placé fut enlevé de dessous lui et il se balança dans l'air.

C'était Suleiman-Daoud qui expiait ainsi le crime du 11 juin. Les vrais criminels avaient été envoyés à Ceylan, où ils étaient en ce moment les pupilles estimés de l'Angleterre et de M. Wilfrid Blunt.

Dans le mois de décembre, pour utiliser les connaissances spéciales que je possédais des contrées du Soudan et de la frontière abyssinienne ; je soumis une note au ministre des affaires étrangères en France, cela excita pas mal d'intérêt dans le temps. De récents événements ont donné à l'Abyssinie une nouvelle importance dans sa conduite possible quant à la question égyptienne.

Le roi Jean d'Abyssinie, à Kaya-Khor, en 1876, avec une armée de 100,000 hommes, défit l'armée égyptienne, prenant une grande quantité d'armes, de canons et munitions de guerre. L'Egypte s'est retirée du pays, sur le payement d'une grosse somme d'argent.

Il est avéré que le roi Jean a l'intention d'envahir l'Egypte. Le gouvernement français peut, en tout cas, profiter de la présente situation du Soudan, pour se faire l'arbitre de la question égyptienne et se placer dans le *statu quo bellum* en Egypte.

Dans ce but, une mission devrait être envoyée au roi Jean, officiellement recommandée, avec le *but nominal* d'encourager et de développer le commerce entre la France et l'Abyssinie. La mission serait composée d'un certain nombre d'officiers (hors rang) qui seraient sous les ordres du chef de la mission, chargé de la mobilisation immédiate de l'armée abyssinienne, armée qui possède des qualités exceptionnelles de courage et de patience. Elle manque de discipline et d'organisation. En très peu de temps, sous l'instruction de tels officiers, on pourrait la rendre à même de marcher à la frontière d'Egypte, et là, de dicter ses propres lois à l'Egypte, à l'Angleterre et en cas de besoin au Mahdi.

Le roi Jean a l'ambition de voir l'Abyssinie reconnue un état chrétien. Chrétien lui-même, il serait fier de traiter avec la France, ainsi que le prouve la tradition et l'expérience actuelle.

Il n'y a pas à craindre le *fellah* d'Égypte pour résister. Il n'a ni le courage ni le patriotisme nécessaire, le manque s'en fera encore plus sentir dans un combat contre les redoutables abyssiniens, qui, depuis Kaya-Khor, sont devenus la terreur des égyptiens.

Le Mahdi, qui est en réalité plutôt un marchand d'ivoire et d'esclaves qu'un prophète, peut, peut-être, jouer un rôle important dans les négociations depuis qu'il a déjà fait des avances au roi Jean, en vue de faire une alliance avec lui. La réponse du roi est comme suit :

« La lettre de Jean, l'élu de Dieu, roi de Sion, roi des rois d'Ethiopie et des contrées environnantes, puisse-t-elle arriver à celui qui est le prophète des turcs :

« Grâce au Dieu des Saints, par l'intervention
14.

de Notre-Dame, mon armée et moi sommes bien. Bénie soit toujours la bonté du Très Haut ! Et toi, qui es-tu ?

« Tu m'as écrit : « Je suis un grand prophète. » Je ne veux pas discuter avec toi. Que la paix soit entre nous.

« Je ne sais si la volonté de Dieu est que nous puissions aller en guerre, toi et moi, mais que signifie cela ? N'est-ce pas dans nos cœurs ? Je suis chrétien et tu es musulman. Là où je suis, tu ne peux pas être ; là où tu es, je ne puis vivre en paix ! Écrit au camp de Micaël Dion, le 10 Sivan de l'an de grâce 1875 (août 1883). »

Le Mahdi hésite certainement aujourd'hui à descendre le Nil, parce qu'il craint de laisser sur ses flancs une force aussi puissante que celle de l'Abyssinie.

Le roi Jean peut être amené à agir d'accord avec le Mahdi ou avec le gouvernement du Caire contre lui, la question sera décidée par le parti réussissant.

Le point principal serait d'avoir un agent expérimenté près du roi, qui le ferait agir d'accord avec les souhaits de la France.

Il n'y a pas de temps à perdre si le gouvernement veut profiter d'une situation exceptionnelle ; il faut agir de suite.

Cette note, datée de Paris, 11 décembre 1883, et soumise *in propria persona* au ministère, apparut — étrange à dire ! — peu après dans le *Morning News*, un journal anglo-américain entreprenant, de Paris.

Le gouvernement de S. M. Britannique ordonna à l'amiral Hewett de procéder de suite vers l'Abyssinie ; et, si les récentes dépêches sont confirmées, il a fait un traité avec le roi Jean, qui assure à l'Angleterre les bénéfices politiques et commerciaux, que la note citée ci-dessus proposait à M. Ferry dans l'intérêt de la France.

En janvier de cette année, quand la nouvelle des désastres de Hicks-Pacha eût créé une grande alarme au Caire, j'ai télégraphié au Khédive de Paris, lui offrant mes services durant la campagne que je supposais entreprise pour supprimer la révolte.

Tewfik-Pacha m'adressa en réponse, par mon ami le docteur Abbate Pacha, une très courtoise note de remercîments, dans laquelle il prit occasion de dire que « le mouvement était religieux, et que tous les européens seraient éliminés de l'élément envoyé pour combattre ».

Quelques jours après, le 18 janvier, Gordon-Pacha, prêt à partir pour le Congo, au service de l'empereur Léopold de Belgique, président de l'Association internationale africaine, fut soudainement envoyé au Soudan.

Il devait, aux termes de la lettre d'instructions que lui donna lord Granville, « considérer et rapporter la meilleure manière d'effectuer l'évacuation de l'intérieur du Soudan et de contrecarrer le stimulant qui, il était à craindre, pouvait être donné, par le mouvement insurrectionnel pour le commerce des esclaves ».

L'apparente désobéissance de Gordon aux ordres n'a pas été désapprouvée par le ministère, malgré la déclaration de lord Churchill, dans la chambre des Communes, que sa conduite méritait la plus sévère censure de la Chambre. Le *dénouement* montrera, peut-être, que c'est là un côté de cette méthode anglaise à laquelle on a déjà fait allusion. M. Gladstone a été menacé de la censure pour avoir « abandonné Gordon à son sort », pour ses « vacillations » et « son manque de politique »; mais il paraît s'être exprimé d'une façon satisfaisante ; au moins, ce n'est plus une question de vote de censure.

L'embarquement du matériel de chemin de fer à Souakin prête une nouvelle signification à ces méthodes, qui, à la fin, peuvent montrer que M. Gladstone avait une politique moins profonde et étendue que celle de lord Beasconfield, mais une politique qui suffira.

Dans la folie de Gordon, alors, on trouva beaucoup de méthode, sans doute prise dans ses ordres supplémentaires et non écrits ; les attaques contre le ministère ayant été adroitement faites pour mieux cacher la politique du gouvernement.

Renfermé dans Khartoum, une teinte héroïque a été donnée à la condition désespérée de Gordon. Il est certain, toutefois, que, depuis le 15 juin, avec le haut Nil, il aurait pu se retirer avec ses troupes, avec la flotte de steamers à sa disposition, par le Sud de la rivière, à Gondokoro, de là chez mon vieil ami M'Tse, roi d'Ugunda, d'où il pouvait retourner à l'Est dans le Congo vers la mer, dans l'intérêt de S. M. le roi Léopold. Mais qu'il reste à Khartoum, dans son propre intérêt, comme *Vali* du Soudan, ou dans les intérêts de la Grande-Bretagne, le Mahdi a été sage de refuser ses présents et l'émirat de Kordofan qu'on lui offrait. Le Prophète peut avec vérité assurer son peuple du danger, et dans les mots de Laocoon, s'écrier :

« O malheureux compatriotes ! quelle dangereuse infatuation est la vôtre ! Croyez-vous l'ennemi parti ? ou pensez-vous qu'aucun don des Grecs puisse ne pas cacher une embûche ? »

# CHAPITRE XV

## L'avenir de l'Égypte.

Après Tel-el-Kebir, la tâche qu'avait assumée la Grande-Bretagne aux yeux du monde était virtuellement achevée. Sir Garnet Wolseley, le 16 septembre 1882, dit, dans son rapport :

« La contrée revient si rapidement à son état ordinaire de paix, que je suis à même d'annoncer la fin de la guerre, et que le but dans lequel les soldats de Sa Majesté ont été envoyés en Egypte est atteint. »

Deux années ont passé depuis que sir Garnet a annoncé la fin de la guerre, et l'Égypte est plus loin de la paix et d'un bon gouvernement que le matin même après la bataille.

Sir Samuel Baker, autrefois gouverneur du Soudan, est une autorité éminente sur les questions relatives à l'Égypte et au Soudan. Dernièrement il a écrit au *Times* :

« Le pays est en banqueroute ; le brigandage, autrefois inconnu, passe les bornes, même sur le Delta — soixante-quatorze cas dans un mois. Le Soudan est un foyer d'insurrection, et le général Gordon dans la plus dangereuse position ; dans une lettre que j'ai reçue de lui le 11 mars, il doute de la possibilité de défendre Khartoum au delà d'une certaine période..... L'excuse de notre intervention durant la révolte des arabes a été déclarée « comme ayant seulement pour but la restauration de l'autorité du Khédive ». Même on a employé l'expression « pour le remettre sur ses jambes, et puis évacuer le pays ». Nous avons si complètement retiré tout vestige de pouvoir et d'autorité à ce pauvre Khédive, qu'il ne peut pas même nommer ses propres officiers dans aucune branche du service militaire ou civil. Ayant dénué de toute importance le principal gouverneur de la contrée, nous ajoutons l'insulte à l'injure en ne faisant aucun cas de son existence personnelle en Egypte. Quand le regretté Hicks partit du Caire au printemps de 1883, le Soudan était regardé comme un riche territoire, qui demandait seulement un chemin de fer pour son développement, et ce *chemin de fer, du Nil à la mer Rouge*, eut pour avocat lord Dufferin dans son intéressant rapport. Mais quand Hicks fut défait, toute idée de développement fut paralysée par la panique, et le Soudan décrié comme un embarras sans valeur, et ce qu'on appelle « l'autorité » du Khédive fut rudement pour ne pas dire brutalement neutralisée, par des ordres directs de Dowing Street d'abandonner le Soudan, contre les souhaits du gouverneur, supporté par son ministère, qui se résigna *en masse* à l'usurpation présomptueuse du *dictum* britannique.

Rien ne peut être plus complet que le résultat de notre mission philanthropique, mission en Egypte, où la confusion de l'Est devait disparaître devant l'influence civilisatrice des institutions du couchant, et l'introduction de la civilisation britannique devait transformer, avec une vivacité magique, le pays demi barbare du Khédive, en une ressemblance des états européens. La Grande-Bretagne a accompli cette tâche ardue, à l'étonnement pour ne pas dire l'admiration du monde. L'Egypte a changé de face, et, guidée par l'Angleterre, elle s'est, durant ces deux ans, transformée en une sorte d'Irlande orientale.

C'est simplement effrayant d'observer la condition terrible de la société égyptienne dans son aspect politique, et c'est une humiliation et une disgrâce pour l'Angleterre, sur laquelle doit peser la responsabilité actuelle.

Cet état de l'Irlande orientale est le résultat naturel d'une politique poltronne et injustifiable, qui commença quand le premier coup de canon fut tiré aux forts d'Alexandrie, en même temps que les instructions de Dowing Street prohibaient le débarquement des forces militaires pour protéger la cité. Alexandrie a été pillée et détruite et l'Égypte sera mise à une amende de près de cinq millions sterling pour indemnités. Chacun sait que l'Angleterre était la seule puissance en Egypte, que le Khédive ne pouvait pas bouger son petit doigt sans sa permission spéciale, et que, comme l'Angleterre avait complètement lié les autorités égyptiennes, elle seule était responsable de la situation. C'était toutefois son devoir de donner une aide matérielle. Ceci aurait été donné sans délai, par les troupes détachées de l'Inde, ou les forces britanniques du Caire. L'Angleterre ne voulut pas bouger. Elle déclara que « le Soudan était au delà de sa sphère d'intervention ». Les garnisons mouraient de faim; les chiens étaient mangés à Sinkat; un ennemi altéré de sang, qui ne donnait pas de quartiers, avait coupé les vivres, et Tewfik-Bey envoya des messages pressants pour l'aide, où il doit succomber. Le général Valentine Baker était le seul homme capable, mais il n'avait pas de troupes; sa gendarmerie avait été dépourvue de tout caractère militaire. Il s'adressa à eux à la parade et demanda des volontaires. « Êtes-vous des hommes, ou des poltrons? » demanda cet énergique commandant quand pas un homme ne répondit à son appel. « Nous sommes tous poltrons, crièrent les fellahs abjects, nous ne voulons pas nous battre. »

Sir Samuel ajoute :

« Nous avons été une malédiction pour l'Egypte, et nous sommes entièrement responsables des misères et des désastres qui ont fondu sur cette malheureuse contrée. »

A cette sévère accusation peut être ajoutée la responsabilité qui s'attache principalement à l'Angleterre pour le tort commis par le ministère Rivers Wilson-Nubar et qui, comme nous l'avons montré, fut le pivot sur lequel tourna l'insurrection d'Arabi.

Et, finalement, comme l'a dit sir Samuel : « L'intervention sans garantie par laquelle une énorme aire de l'empire ottoman fut enlevée à son légitime gouverneur et jetée dans la pire anarchie — est un acte qui éveilla l'attention de l'Égypte sur l'hypocrisie des déclarations britanniques [1].

C'est singulier qu'en face de l'hypocrisie avouée de ces déclarations britanniques, sir Samuel se prononce pour le protectorat de la Grande-Bretagne, et encore sir Samuel revient à la charge en écrivant au *Times*, pas plus tard que le 15 août de cette année : « L'Angleterre peut remercier Dieu que la conférence ait échoué. Les anglais, non politiciens, doivent déterminer notre future action. L'Angleterre doit être maîtresse en Égypte ; que la France aille au diable ! Évacuer le Soudan serait une tache indélébile. »

Il est extrêmement douteux que les égyptiens accueillent un gouvernement tel que le dépeint sir Samuel, dont les promesses ne sont qu'apparentes, même au sens obtus d'une abjecte *fellaheen*. Outre cela, il hait aujourd'hui l'*Inglisie* d'une haine aggravée et accumulée par la *confrérie* religieuse d'El-Azhar, et par les résidents

---

1. L'abandon du Soudan est une violation directe des droits du Sultan. Le firman d'investiture délivré à Tewfik, le 19 Chaban, 1296 (17 août 1879), contient cette clause :

« Le Khédive n'abandonnera pas à d'autres, sous aucun prétexte ou motif, en totalité ou en partie, les privilèges accordés à l'Égypte, et qui émanent des prérogatives et des droits naturels de mon gouvernement impérial, il n'abandonnera non plus aucune partie du territoire. »

européens, menacés dans leurs intérêts commerciaux par l'animosité du *régime* anglais.

La conférence pour l'échec de laquelle sir Samuel remercie Dieu était, néanmoins, convoquée par son gouvernement et le besoin doit avoir été urgent, même qu'il montre, quel mauvais gouvernement l'Angleterre a donné à l'Égypte.

On a beaucoup parlé de l'avenir de l'Egypte, de son peuple, et de l'étranger qui est dans ses murs. De récents événements ont dissipé le sentiment d'une « Égypte aux Egyptiens ». C'était un rêve dont les libéraux s'éveillèrent après les massacres d'Alexandrie et de Tantah, et la fuite honteuse à Tel-el-Kebir. Le cri de l'armée égyptienne réformée de Valentine Baker : « Nous sommes tous poltrons ! » fut la lamentation expirante d'une nation prématurément appelée à la vie par Arabi, mais qui n'était ni brave ni patriotique. Ce n'est pas au *fellah*, certainement, que l'avenir de l'Egypte peut être confié.

L'Angleterre, alors, doit-elle être la maîtresse de l'Egypte ? M. Gladstone a déclaré, dans la Chambre des Communes il y a seulement quelques mois, que la situation en Egypte « est une anomalie, un inconvénient, et, peut-être, un danger politique » ; il dit n'avoir pas créé cette situation, mais en avoir hérité, du « plus aventureux génie qui l'avait précédé ». Il répudia le cri d'une annexion ou d'un protectorat de l'Egypte, et dit :

Je dois rappeler aux Chambres que l'onéreux devoir que nous avons entrepris en Egypte, est de mettre fin au désordre, et d'établir le commencement d'un gouvernement tolérable. Ceci est un devoir que nous avons entrepris, non pas seulement pour nous, mais pour la civilisation. Nous l'avons entrepris avec l'approbation des puissances d'Europe — le plus haut et le plus authentique organe de la civilisation chrétienne — nous devons le remplir comme nous l'avons reçu. Je sais que le mot protectorat est parfois prononcé ; peut-être n'est-il pas dit dans le sens technique, mais c'est un mot dangereux.

D'un autre côté, un membre distingué de la Chambre dit, au cours du même débat :

Nous ne devons pas faire les désintéressés, c'est une tromperie. Le premier but qui nous a fait aller en Egypte était d'y établir les intérêts anglais. C'est pour la sauvegarde de nos propres biens que vous êtes allés, pour les intérêts britanniques, et Dieu merci ! il y aura quelqu'un qui tiendra les intérêts anglais.

Cette sauvegarde d'intérêts personnels auquel le

membre référait, a-t-il été une révélation pour M. Gladstone?

Advienne que pourra, le plan de lord Dufferin, pour l'évacuation du Soudan, et la non évacuation de la contrée par le général Gordon, bien qu'inintelligible au public désintéressé, a été tacitement approuvée, sinon recommandée par le premier.

Le comte de Northbrook a été envoyé en Egypte, s'informer et conseiller le gouvernement de l'endroit, touchant la nouvelle position que les désastres du Soudan et les troubles financiers d'Egypte ont créée. C'est singulier que l'intelligence supérieure et l'expérience de Sir Evelyn Baring n'aient pas suffi pour éclaircir au Foreing-Office, sur les désastres du Soudan et les troubles financiers d'Egypte, ont été créés par l'Angleterre elle-même. Sir Garnet Wolseley a été appelé à ce qu'on appelle l'expédition de soulagement de Gordon. C'est le dernier acte de la comédie « d'évacuation » qui sépare le Soudan de l'Egypte et constitue cette province anglaise. Gordon s'en est déjà lui-même proclamé *Vali*. L'armée commandée par Sir Garnet, est sans doute destinée à devenir une armée d'occupation, et si Gordon se trouve à Khartoum quand elle y arrivera, on l'installera, peut-être, comme vice-roi de Sa Majesté Britannique au Soudan.

Le résultat de la récente conférence égyptienne n'a pas été satisfaisante pour l'Angleterre. Elle a découvert que la France, par une politique de *laisser-faire*, a finalement gagné les sympathies des puissances, qui, menacées dans leurs intérêts commerciaux et ennuyées de l'arrogance de l'Angleterre, ont enfin protesté et se sont déterminées à mettre fin à son ambition et ses extensions illimitées. La conférence à Varzin, s'il faut croire la rumeur, déclare que l'Angleterre ne doit être, et ne sera maîtresse de l'Egypte.

Les puissances d'Europe, alors, « le plus haut et le plus authentique organe de la civilisation chrétienne », comme dit M. Gladstone, assumeraient en commun le contrôle d'Egypte, dont la position serait analogue à celle de la Belgique en 1830, et en ferait une Belgique africaine, sujette de l'autorité suprême du sultan.

Le calife de Stamboul, comme grand Cheik-el-Islam, dans le siège des fidèles, d'accord avec les puissances, serait attaché par un intérêt commun à réprimer le schisme de ses propres sujets Moslem et de ceux de France et d'Angleterre.

Tel est l'avenir auquel une manifeste destinée

remettra l'Egypte. Les jalousies, les intérêts divers des étrangers dans ses murs, se fondront dans ce *condominium* pour le bénéfice de l'européen et du *fellah*.

L'éternelle question de l'Orient, si longtemps une menace, peut encore devenir un gage de paix pour l'Europe. *Caveant consules!!*

# APPENDICE

---

## LE MAHDI

En mars 1883, le journal arabe *Abou-Naddara*, publiait des extraits de la première proclamation du Mahdi que voici :

« Allah promet à Mohamed de faire conserver sa sainte loi et sa religion divine par des hommes que les délices de la terre n'empêchent pas de se battre pour sa foi. Le prophète même dit à son peuple :

« *Il y aura des Mahdis qui dépenseront leurs biens et sacrifieront leur vie pour la défense de l'Islamisme, afin de se présenter devant Allah teints de leur sang versé pour sa sainte cause.*

15.

« *Levez haut vos têtes, lancez-vous comme la foudre sur les envahisseurs de votre patrie. Allah vous fera vainqueurs! Les martyrs auront un paradis aussi vaste que les cieux et la terre.* »

Un an après on lisait dans le même journal les mots suivants, prononcés par le Mahdi à un notable de Khartoum :

« Je sais que l'Angleterre envoie Gordon avec cinq cent mille talaris pour acheter mes alliés. Je jure par Allah, que s'il tombe entre mes mains, je ferai distribuer son argent aux pauvres musulmans qui se battent pour la patrie.

« Quant aux troupes anglaises, la chaleur les fera fondre et le simoum les emportera.

« Pour moi, si je ne suis pas vainqueur, je chercherai la mort sur le champ de bataille, »

En mars 1885, la proclamation suivante du Mahdi parut dans plusieurs journaux orientaux :

« J'atteste devant Allah et son prophète que j'ai pris le sabre, non pour fonder un royaume terrestre ou ramasser des richesses; mais afin d'aider et de consoler les croyants de l'esclavage dans lequel les tiennent les infidèles, et pour rétablir l'empire des musulmans dans son ancienne splendeur.

« Je suis donc décidé à porter ce sabre de

Khartoum à Berber. Ensuite j'irai à Dongola au Caire et à Alexandrie en rétablissant la loi et le gouvernement musulman dans toutes ces villes.

« De l'Égypte je me dirigerai vers la terre du Prophète, afin d'en chasser les Turcs, dont le gouvernement n'est pas meilleur que celui des infidèles et je rendrai à l'Islam la terre d'Arabie avec ses deux cités saintes.

« Fils d'Ismaël, vous pouvez vous attendre à me voir bientôt au milieu de vous, armé du sabre de la foi. »

L'influence des Mahdis a toujours été prodigieuse. La confiance qu'ils inspirent tient du fanatisme. Ils ont souvent formé des puissances et détruit des états, même des royaumes.

La force et la grandeur que les Fatimistes, les Abassides, les Mouahédines et les Mourabétines ont acquises, sont dues au titre de Mahdi plutôt qu'à leur courage.

# GORDON

Gordon, après avoir fait ses premières études à Taunton, entra à l'école de Woolwich, d'où il sortit, en 1852, dans le génie.

En 1854, il se battit en Crimée où il fut décoré de la Légion d'honneur.

Après cette guerre, il représenta l'Angleterre dans la commission chargée de rectifier les frontières turco-russes. Plus tard on le retrouve en Arménie, puis en Chine, où il rejoignit l'armée anglo-française et assista à la prise de Pékin, 1860.

Aussitôt que la paix fut conclue, Gordon redevint ingénieur et construisit des forts et des casernes à Tien-Tsin.

La Chine, ayant capitulé, eut à faire face à la guerre civile, elle demanda un général à l'Angleterre, qui lui envoya Gordon. En moins d'un an il se rendit maître des révoltés et ne remit son commandement que lorsque le gouvernement de la Chine fut sauvé.

De retour en Angleterre, il passa presque six années à Gravesend, d'où il fut promu au grade de colonel et envoyé à Galatz, 1871, comme représentant du gouvernement anglais à la commission européenne du Danube. En 1873, sur la demande de Nubar-Pacha, il alla remplacer Sir Samuel Baker, comme gouverneur général des Provinces Equatoriales. Ensuite il se rendit à Khartoum et, pendant trois ans, il parcourut en tous sens les déserts de la Nubie.

Il fit la guerre aux marchands d'esclaves, assura la marche des caravanes en créant des postes fortifiés et il pacifia les tribus rebelles, puis en 1876, il donna sa démission et revint au Caire.

En 1877, après avoir été nommé gouverneur général du Soudan, il acheva l'œuvre de la pacification commencée à son premier voyage.

En 1879, il tenta de conclure un traité avec le roi Jean d'Abyssinie. Il échoua et ne dut la vie qu'à son courage et à son énergie.

Abandonné par le Khédive, il se décida à s'embarquer à Massouah pour le Caire, où il donna encore une fois sa démission.

Il revint à Londres et repartit aussitôt pour l'Inde, en qualité de secrétaire du vice-roi, — lord Ripon. — En arrivant à Bombay, il changea d'avis.

Il retourna en Chine où il évita une guerre entre ce pays et la Russie.

De là il alla à l'île Maurice, où il resta quelques mois comme commandant du génie au Cap.

Il repartit pour l'Egypte, traversa de nouveau le désert et atteignit Khartoum au mois de février 1884. Enfermé dans cette ville, il demanda des secours à l'Angleterre, mais, lorsque le ministère Gladstone lui envoya une expédition, il était trop tard. Khartoum appartenait au Mahdi et Gordon était mort. — 1885.

# KHARTOUM

Le 5 février 1885, les journaux anglais publaient
la dépêche suivante adressée par le général Wolseley au *War-Office*:

« La chute de Khartoum a eu lieu le 26 janvier.

« Le colonel Wilson arriva le 28, et trouva la
place au mains de l'ennemi qui, posté sur les
rives du fleuve, le fit battre en retraite sous un feu
violent.

« Les vaisseaux qui portaient Wilson et son
escorte firent naufrage à quelques milles de Sha-
bluka.

« Toutes les personnes à bord se sont sauvées
sur une île, où elles sont en sûreté.

« Un vapeur est parti pour aller les prendre.

« On ignore le sort de Gordon. »

La chute de Khartoum avait déterminé les tribus de Shukourieh à se joindre au Mahdi. A cette
nouvelle, le ministère anglais décida de laisser
carte blanche au général Wolseley, en lui promet-

tant de lui envoyer tous les secours qu'il jugera
nécessaires soit pour l'envoi de troupes à Souakin
et à Berber, soit de toute autre façon qu'il pourra
indiquer.

Les seules instructions envoyées à Wolseley
lui enjoignent de faire tout son possible pour délivrer Gordon, s'il est encore vivant.

Les décisions prises dans le conseil de cabinet
ont été immédiatement télégraphiées au général
Wolseley.

# LE PARTI NATIONAL

En 1869, le caractère du parti national égyptien était tout à fait religieux et repoussait toute idée émanant des étrangers.

A partir de cette époque, ce parti prit un caractère politique. Son but, alors, devint : L'AFFRANCHISSEMENT ET LA CIVILISATION DE L'ÉGYPTE.

Aussitôt l'avènement d'Ismaïl, celui-ci augmenta les écoles et en confia la direction à des professeurs européens. Il n'avait pas prévu qu'un tel progrès lui coûterait le trône.

En 1870-71, ses sujets désirant être mis au courant des événements qui se passaient en Occident et ne possédant aucune feuille politique arabe, ils se virent obligés d'acheter les journaux étrangers pour apprendre les nouvelles.

Les Egyptiens, avides de connaître l'opinion des Européens sur leurs pays, lisaient tout ce qui concernait l'Egypte. Ils se procuraient les cartes géographiques nécessaires pour bien s'assurer de l'étendue de leur territoire et se réunissaient pour étudier les moyens les plus propres de l'affranchir.

Mais la police rapportait à Ismaïl les conclusions de ces réunions et lui conseillait de se mettre en garde. Les personnes suspectes commencèrent à disparaître.

Quand le prince Halim prit, en plein conseil, la défense des fellahs, dépouillés de leur terres par l'Etat, le Khédive s'empara de ses biens et l'exila.

Ismaïl avait interdit, en Egypte, la publication des dépêches et des journaux qui arrivaient de l'étranger. Des étudiants les traduisaient en arabe et les faisaient circuler en manuscrit parmi les indigènes.

Lorsque Sanua fonda son journal l'*Abou-Naddara*, le Khédive le supprima et exila son rédacteur qui se réfugia à Paris où il en continue la publication.

En 1878, le parti national égyptien comptait un grand nombre d'adhérents, parmi lesquels il y avait des étudiants, des officiers et même des cheikhs.

Dès lors le mouvement national commença à être plus sérieux et les colonnes des journaux arabes continrent souvent des articles alarmants qui prévoyaient les événements.

Aussitôt que Tewfik monta sur le trône on crut qu'il introduirait des réformes, mais ces espérances étaient mal fondées.

Il s'entoura des mêmes ministres que son père et ne changea pas de politique.

Le 30 janvier 1882, le ministère Chérif fut renversé par Arabi. Celui-ci, en formant le nouveau cabinet, se réserva le portefeuille de la guerre,

# LETTRE D'ARABI [1]

En avril 1885, Sanua recevait une lettre d'Arabi, datée de Colombo 2 mars 1885, dont voici la traduction de quelques extraits :

« Mon cœur est douloureusement affligé de voir le déclin de l'astre de l'Angleterre, déclin amené par ses méfaits en Egypte et au Soudan.

« Allah a entendu les plaintes des opprimés, les cris d'angoisse des veuves et des orphelins et s'est fait le vengeur du sang versé.

« Quelle désillusion pour mes malheureux compatriotes ; eux qui avaient si bonne opinion des Anglais, qui avaient placé en ceux-ci toute leur confiance et leur espoir d'émancipation.

« Qu'a gagné l'Angleterre par son invasion en Egypte et sa guerre au Soudan ? Rien ! Elle a

1. Cette lettre fut reproduite par les principales feuilles de Londres, dont quelques-unes l'ont même commentée.

perdu son prestige, l'amitié de notre seigneur le Sultan et sa bonne renommée dans l'Islam.

« Elle a perdu aussi ses meilleurs généraux : Hicks, Gordon, Stewart, Earle et tant d'autres officiers. Hélas ! elle a perdu l'estime de tous les cœurs en faisant la guerre aux hommes libres du Soudan.

« Quand cessera-t-elle d'envoyer des armées de vengeance contre ceux-mêmes qui vengent leurs frères égyptiens ; contre des hommes qui défendent leur patrie et qui sont décidés à se faire tuer tant qu'il restera un ennemi à combattre.

« Il y a quinze millions de guerriers animés de ces nobles sentiments au Soudan et à Darfour, tous partisans du Mahdi, ayant fait avec lui un pacte qui les lie jusqu'à la mort, selon les préceptes de notre saint Koran.

« Aussi le Mahdi voit croître ses forces en raison du nombre de ses ennemis. »

# MÉMOIRES D'ARABI[1]

Il y a un an environ, Arabi envoya ses mémoires écrits de sa main et précédés d'une dédicace, au rédacteur de l'*Abou-Naddara*.

Ces mémoires n'ont pas encore été publiés malgré les instances réitérées de la presse ; pourtant le cheikh ne fut pas sourd à ma prière et me confia le manuscrit écrit en langue arabe pour que je puisse traduire quelques extraits et les joindre comme notes supplémentaires à cet ouvrage.

Voici les passages que j'ai choisis :

« Ahmed-Arabi-el-Housseini (descendant du prophète), chef du Parti National Egyptien, ministre de la guerre de sa nation, dans le sentier de la liberté et de l'indépendance, naquit à Herya-

---

1. J'ai vu plusieurs lettres d'Arabi écrites à différentes personnes, et j'ai pu me convaincre qu'elles émanaient réellement d'Arabi et que l'écriture et le cachet étaient identiquement pareils.

Rozna, village situé dans la province de Charkieh, le 7 saphar 1257 de l'Hégire[1] — A. D. 1839. — Il fut élevé à l'école de Herya, fondée par son père.

« A l'âge de quatorze ans, il entra à l'école militaire et en sortit sous le règne de Saïd. Il fut distingué par Soliman-Pacha, *el françaoui* (colonel Sève, de nationalité française), qui lui confia ses grades.

En 1859, il fut nommé *Kayem-Makam* (lieutenant-colonel).

Pendant vingt ans (sous le règne d'Ismaïl), il n'eut aucun avancement, et il fut en butte à toutes sortes d'humiliations de la part du Khédive.

Ce n'est qu'en 1879 (sous Tewfik), qu'il fut promu au grade de colonel.

.   .   .   .   .   .   .   .   .   .   .   .   .   .   .   .   .   .   .

« Le Juste « dit Arabi », ne peut nier que dans ce siècle le peuple égyptien fut opprimé d'abord par les Mameluks, ensuite par Abbas-Pacha, et finalement par Ismaïl. Il n'y a que sous Saïd qu'il put respirer. Mais, hélas ! le règne de ce prince, ami du peuple, fut de courte durée.

---

1. La première année de l'Hégire (année lunaire) répond à l'année 622 de Jésus-Christ (année solaire).

« Je l'ai entendu, dans un banquet qu'il donna en 1858, en l'honneur des *Ulemas* (chefs religieux) des officiers supérieurs de l'armée et des autorités civiles, prononcer ces mots : « *Je ne veux pas suivre les mauvais exemples de mes prédécesseurs, dont la devise fut ignorance et despotisme; mais je veux instruire mon peuple et rendre mon pays prospère, avec la devise :* L'Égypte pour les Égyptiens.

« C'est depuis ce moment que les idées de nationalité commencèrent à occuper l'esprit de la jeunesse. »

. . . . . . . . . . . . , . . . . . .

« Ismaïl remplaça tous les chefs de l'armée et tous les administrateurs du gouvernement qui partageaient l'esprit du parti national égyptien, par des Circassiens, presque tous ex-esclaves, sortis des palais des pachas. »

Ici Arabi raconte le règne d'Ismaïl, qui dura dix-sept ans, pendant lesquels le peuple égyptien a été défait et massacré en Abyssinie, opprimé, pillé et chargé d'une dette de 100 millions de livres sterling.

. . . . . . . . . . . . . . . . . .

« Plus le despotisme croissait, plus l'amour de la liberté animait les cœurs.

« Le parti national était alors formé. Malgré les obstacles et les dangers, on se réunissait. Les étudiants t'envoyaient[1] des discours sur le patriotisme et contre l'oppression des peuples. Les officiers de l'armée, défiant tout danger, murmuraient et menaçaient Ismaïl. Tes feuilles libérales nous encourageaient à réveiller les Égyptiens assoupis sous le joug de l'esclavage et faisaient vibrer dans tous les cœurs les sentiments de l'affranchissement de notre patrie.

« C'est alors qu'ils comprirent que la nation manquait de lois basées sur la justice et l'équité, et d'un gouvernement soumis, lui-même, à ces lois. Cependant, nous n'osions réclamer ni des lois, ni des réformes.

« Ismaïl, sans s'en douter, nous indiqua le moyen de briser son joug.

« Il voulait se débarrasser du contrôle européen. Il fit faire une émeute par les étudiants et quelques officiers de l'armée, sous prétexte de réclamer l'arriéré. On a battu Wilson, le contrôleur anglais, et Nubar. On a maltraité Riaz et humilié Ali-Pacha, Moubarék, ministre de l'instruction publique.

1. Je fais observer au lecteur que ces mémoires sont adressés au cheikh Abou-Naddara.

« Ismaïl réussit; car, par cette émeute, qu'on appela à tort *pronunciamiento,* il renversa le ministère qui lui était antipathique.

« A cette époque, les administrations les plus importantes : les douanes, les ports d'Alexandrie, les chemins de fer, les télégraphes, les commissions de la Dayreh-Sanyeh, du domaine, du contrôle, de la caisse de la dette, en un mot, toutes les administrations qui rapportaient de grands revenus étaient confiées à des Européens.

« Lorsque nous nous sommes aperçus que les impôts et les taxes que nous payions étaient gaspillés par les étrangers, et que le Khédive obligeait le pays à faire des dettes pour qu'il puisse s'enrichir et construire des harems, l'indignation s'empara de nous, et, par des circonstances imprévues, nous nous débarrassâmes de lui.

« Tewfik lui succéda.

« Son règne fut plus arbitraire encore que celui de son père. Il fit diminuer la moitié de son armée. Osman-Pacha-Rifky, alors ministre de la guerre, obligea les officiers supérieurs à donner leur démission, et les remplaça par des Circassiens.

« C'est alors que les officiers se réunirent chez moi pour se plaindre du ministre de la guerre. Je les calmai en leur démontrant combien la patrie a

16.

souflert sous Ismaïl et les Mameluks : « *N'ayez qu'un seul cœur*, leur disais-je, *et ne soyez qu'un seul homme.*

« *Le peuple égyptien met son avenir dans vos mains. C'est à vous qu'il confie la tâche difficile de sa délivrance. Jurez moi de me soutenir, de me suivre dans le sentier de la liberté, de me reconnaître pour chef et de ne jamais me désobéir.* » Ils ont tous juré sur le Koran, et j'ai remercié le Très Haut d'avoir exaucé mes vœux.

Le 14 janvier 1881, j'ai présenté à Riaz-Pacha, alors président du Conseil, une pétition dans laquelle je lui exposais tout ce qui se passait au ministère de la guerre :

« 1° Je demandais qu'on établisse une égalité entre nous et les officiers circassiens, en nous donnant un ministre de la guerre indigène.

« 2° Je réclamais la création d'une Assemblée nationale, composée d'Egyptiens, pour nous représenter et pour défendre nos droits.

« Cette pétition fut signée et cachetée par moi, par Ali-Bey-Fahmi et par Abdelal-Bey-Helmy.

« Tewfik convoqua alors un conseil extraordinaire, composé de tous les chefs militaires circassiens, et qu'il présida lui-même.

« On décréta notre perte.

« Le lendemain, mardi 2 *Rabi-al-aoual* 1299 de l'Hégire (1 février 1881), le ministre de la guerre prit ses dispositions pour exécuter ie décret. Les chefs militaires circassiens furent convoqués au palais de Kasar-Enil, afin de témoigner notre humiliation. Les officiers égyptiens furent invités à ce palais sous prétexte de prendre part aux fêtes du mariage de la sœur du Khédive.

A notre arrivée nous fûmes tous arrêtés depuis le grade de *bimbachi* (capitaine).

On nous lut le décret qui disait que :

*Arabi, Ali-Fehmi et Abdelal-Helmy ayant violé les lois et les règlements militaires et ayant excité leurs compagnons à l'insubordination, méritaient de passer au conseil de guerre.*

Ils nous firent rendre nos épées, on nomma d'autres colonels à notre place et on nous mit en prison, sans nous permettre de nous défendre.

« A la nouvelle de notre arrestation, Mohamed-Obéïd et Ali-Issa, tous deux chefs de bataillon, prirent les armes et suivis de leurs soldats se rendirent à Kasar-Enil, où nous étions; brisèrent les portes et nous mirent en liberté.

« Pendant ce temps, Ahmed-Farag à la tête de son bataillon, occupait le palais d'Abdine, résidence du vice-roi, pour garder le Khédive et le défendre dans le cas où la population, irritée à cause de notre emprisonnement, l'attaquerait. »

. . . . . . . . . . . . , . . . . . . . . .

Ici Arabi raconte tous les événements de cette journée et montre l'accord qui régnait parmi les militaires égyptiens et les liens qui les unissaient au peuple.

En sortant de prison, Arabi harangue ses camarades. Par ce discours, il calme la colère de ses collègues ; il leur démontre les conséquences fâcheuses et dangereuses d'une révolte militaire. *Montrons nous calmes*, leur dit-il, *et soyons dignes de la mission que nos frères de la vallée du Nil nous ont confiée. Par notre conduite nous avons attiré l'attention de l'Europe sur nous.*

Arabi conduisit, lui-même, ses soldats à leurs casernes en s'engageant à les représenter et à défendre leurs droits et leurs réclamations. Ensuite, il se dirigea vers le consulat de France où il conféra avec M. le baron de Ring, qui prit en considération tout ce qu'Arabi lui disait à propos des événements ci-dessus exposés, puis il alla chez le Khédive accompagné de sir Edward Malet, représentant de l'Angleterre. Le résultat de cette visite fut la destitution d'Osman-Pacha-Rifky, et son remplacement par Mahmoud-Pacha-Sami.

Arabi dit que : *Mahmoud-Pacha-Sami s'était engagé à ne jamais exécuter les décrets arbitraires de Tewfik, et il maintint sa parole.*

*L'opposition de Mahmoud-Pacha-Sami aux ordres du Khédive le fit tomber en disgrâce. Tewfik le fit remplacer par son beau-frère Daoud-Pacha-Yegen.*

*Il fut la cause d'un pronunciamiento qui eut lieu le 9 septembre 1881.*

. . . . . . . . . . . . . . . . . . . . . . . . .

Ensuite Arabi raconte en détail les événements de cette journée mémorable pour l'histoire du parti national. Je la résume en deux mots :

1° Les trois colonels : Arabi, Ali-Fehmy et Abdelal-Helmy se mirent à la tête de leurs régiments, occupèrent les palais d'Abdine, exigèrent et obtinrent la démission du ministère Riaz qui fut remplacé par Chérif-Pacha ;

2° La formation d'une Chambre des notables, représentant le pays, établissant des lois politiques et civiles et des réformes pour assurer la tranquilité du pays ;

3° Le rétablissement de l'armée à son cadre primitif, qui était composé de 18,000 hommes.

Le lendemain, Chérif-Pacha quitta Alexandrie et rentra au Caire, il se mit au pouvoir et reçut

plusieurs pétitions signées par 4,000 personnes :
notables, négociants et propriétaires qui lui recom-
mandaient l'exécution de ce que cette émeute militaire réclamait. Chérif promit et tint parole.

La Chambre des notables fut ouverte et on commença à élaborer des lois. Tout allait selon le
désir du parti national et lorsque l'envoyé ottoman
arriva accompagné d'Ali-Pacha-Nézamy, pour se
rendre compte de la situation réelle de l'Egypte,
il ne trouva aucune trace de rébellion. Mais, hélas!
des discussions surgirent entre la Chambre des
notables et Chérif-Pacha à propos du budget et
amenèrent la chute de son ministère. Un ministère
national le remplaça sous la présidence de Mahmoud-Pacha-Sami, et l'horizon sembla s'éclaircir.

L'apparition de la flotte anglo-française dans
les eaux d'Alexandrie fit bientôt évanouir la joie
des Égyptiens.

Les amiraux de cette flotte étaient porteurs d'une
note des puissances refusant de reconnaître l'existence d'un gouvernement égyptien et déclarant que
celui-ci devait se soumettre à une décision des gouvernements de l'Europe. Le Khédive l'accepta,
mais le ministère, qui, à cet effet, convoqua la
Chambre des notables, la rejeta.

Le Khédive persista dans sa résolution. Alors on

vit accourir de tous les points d'Égypte les notables, les cheikhs, les chefs des bédouins, les Ulemas, etc., etc.

L'acceptation de cette note par Tewfik et la flotte dans le port d'Alexandrie les irrita. Ils formèrent une députation qui présenta à Arabi une *fetoua* décret religieux, émanant des Ulemas pour le renversement de Tewfik, suivant les lois musulmanes.

Le Khédive ayant interdit l'ouverture de la Chambre des notables depuis son refus d'accepter la note de l'Europe, Sultan-Pacha, son président, réunit les notables dans son propre palais et fit appeler Arabi, à qui il confia le soin de la sûreté publique, en présence du cadi du Caire et de quelques Ulemas.

Arabi, dont la démission avait été acceptée par le Khédive, refusa cette responsabilité ; alors, Sultan-Pacha et Suliman-Pacha Abaza lui dirent : Si Tewfik a accepté ta démission, les notables la refusent. Ils te confient la charge de la sûreté publique et obligèront le Khédive à te garder ministre de la guerre. Ils exécutèrent leurs promesses.

Arabi, rétabli ministre, fit maintenir l'ordre dans le pays.

Quelques jours après, Dervich-Pacha arriva au Caire et prit part à un conseil privé composé de représentants des puissances européennes, sous la présidence de Tewfik.

Arabi répondit de la vie des Européens résidant en Égypte.

« Mais, dit Arabi, nos ennemis veillaient et ils avaient juré notre perte. N'ayant pu réussir à détruire le parti national, ils résolurent de le discréditer.

« Ils organisèrent la sanglante journée du 11 juin dont le résultat fut la guerre entre le gouvernement anglais et la nation égyptienne. Le 10 juillet, veille du bombardement d'Alexandrie, un conseil extraordinaire fut de nouveau tenu sous la présidence du Khédive, en présence de Dervich-Pacha et de Kadry-Bey, dans lequel on reconnut la nécessité de défendre la patrie.

« Le 11, les hostilités commencèrent de grand matin, durèrent dix heures et ne cessèrent qu'après le bombardement.

« Le 12, j'ai conduit l'armée à Kafr-ed-Daouar où j'ai établi mon quartier général et pris des positions pour défendre la ville.

« Le 13, le Khédive licencia l'armée et renvoya ses soldats dans leurs foyers.

« Une assemblée composée de directeurs des administrations civiles, de gouverneurs, d'Ulemas, de cadis, de chefs de l'Église juive et catholique, de membres de la Chambre des notables, et même de princes appartenant à la famille du Khédive, se réunit au Caire. Les décrets de Tewfik, concernant le renvoi de l'armée et ma correspondance, furent lus devant cette assemblée qui décréta le renversement du Khédive, l'annulation de ses décrets et ordonna l'organisation d'une défense nationale sous mon commandement. Ce décret fut signé par tous les membres de l'assemblée et communiqué à Sa Majesté le Sultan. Il me parvint à Kafr-ed-Daouar et j'appris qu'un conseil administratif était constitué au Caire, afin de gouverner le pays, et il me conféra le titre de *Hamy* (défenseur) de la terre d'Égypte.

» Le premier qui me donna ce titre fut le prince Ibrahim-Pacha, un des chefs de la famille Khédiviale. »

. . . . . . . . . . . . . . . . . . .

Puis Arabi donne le cadre de son armée active, qui dépassait 100,000 hommes, avec des vivres pour dix mois. Les Égyptiens offrirent spontanément à l'armée des approvisionnements de toute nature.

Un habitant de la province de Djiseh, riche propriétaire, fit don de la moitié de ce qu'il possédait.

Un autre, de la province de Keneh, offrit tous ses biens à la défense nationale.

« As-tu jamais vu, dit Arabi de tels exemples de patriotisme ? Nous nous sommes battus vaillamment, et toujours avec succès, jusqu'au jour où la Sublime Porte m'a traité en rebelle.

« L'ardeur patriotique fut refroidie, l'élan arrêté, les esprits se détournèrent et plusieurs chefs de l'armée et de bédouins écoutèrent les insinuations d'Abou-Sultan, envoyé du Khédive.

« Alors j'ai été abandonné et trahi par tous, dans la fatale journée de Tel-el-Kebir ».

Ceylan, Colombo, le 25 septembre 1881.


(*Signé*) AHMED-ARABI-EL-HOUSSEINI.


FIN

# TABLE




Imprimerie de Poissy. — S. Lejay et Cie

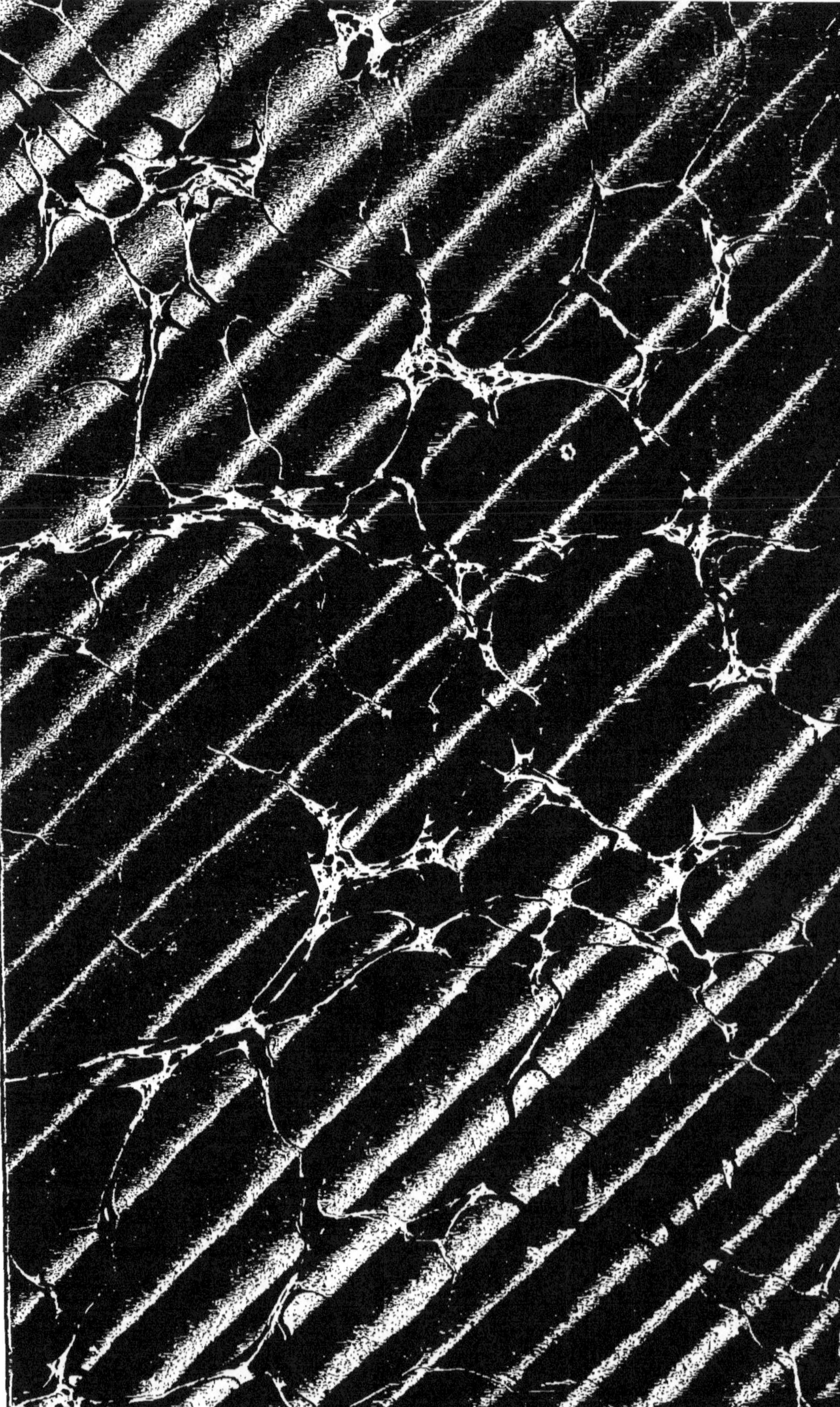